张朝炬说家族史

曹操2

大江东去

张朝炬 著

百花洲文艺出版社
BAIHUAZHOU LITERATURE AND ART PRESS

图书在版编目(CIP)数据

曹操.2,大江东去 / 张朝炬著. —南昌 :百花洲文艺出版社,2018.10

ISBN 978-7-5500-2970-5

Ⅰ.①曹… Ⅱ.①张… Ⅲ.①长篇小说－中国－当代 Ⅳ.①I247.5

中国版本图书馆 CIP 数据核字(2018)第 196385 号

曹操 2　大江东去

张朝炬　著

出 版 人	姚雪雪
责任编辑	郝玮刚　蔡央扬
装帧设计	黄亚玲
出版发行	百花洲文艺出版社
社　　址	南昌市红谷滩新区世贸路 898 号博能中心 A 座 20 楼
邮　　编	330038
经　　销	全国新华书店
印　　刷	浙江新华印刷技术有限公司
开　　本	720mm × 1000mm　1/16　　印张　14.25
版　　次	2019 年 2 月第 1 版第 1 次印刷
字　　数	193 千字
书　　号	ISBN 978-7-5500-2970-5
定　　价	58.00 元

赣版权登字：05-2018-343

网址　http://www.bhzwy.com

曹氏家族主要人物

曹腾（大宦官）

曹嵩（曹腾的义子，曹操的父亲，官居太尉）

曹操（曹嵩的儿子，官居丞相、封魏王）

曹昂（曹操的长子，早死）

曹丕（曹操的儿子，接班人）

曹彰（曹操的儿子，武将）

曹植（曹操的儿子，文学家）

曹冲（曹操最爱的儿子，早死）

曹操的夫人们

丁夫人(曹操原配夫人,因曹昂之死而与曹操反目,曹操曾欲迎回而不可得,无子女)

卞夫人(曹操继配夫人,就是武宣卞皇后。生曹丕、曹彰、曹植、曹熊四子)

刘夫人(曹操之妾,丁氏的侍女,随丁氏陪嫁至曹家,不久病亡。生曹昂、曹铄二子)

环夫人(曹操之妾,生曹冲、曹据、曹宇三子)

杜夫人(曹操之妾,生曹林、曹衮二子)

秦夫人(曹操之妾,生曹玹、曹峻二子)

尹夫人(曹操之妾,生曹矩)

王昭仪(曹操之妾,曹干养母)

孙　姬(曹操之妾,生曹上、曹彪、曹勤三子)

李　姬(曹操之妾,生曹乘、曹整、曹京三子)

周　姬(曹操之妾,生曹均)

刘　姬(曹操之妾,生曹棘)

宋　姬(曹操之妾,生曹徽)

赵　姬(曹操之妾,生曹茂)

陈　妾(曹操之妾,生曹干)

曹操手下的文臣

荀彧、荀攸、郭嘉、程昱、贾诩、司马懿、杨修

曹操手下的武将

夏侯惇、夏侯渊、曹仁、曹洪、典韦、许褚、张辽、张郃、于禁、李典、乐进

曹操的对手

董卓、袁绍、吕布、张绣、袁术、孙权、刘备、马腾

序 言

PREFACE

我从小喜欢中国历史，对四大名著也情有独钟，男生热衷的《三国演义》也是我的爱好之一。记得在小时候，爷爷给我讲三国的故事，其中给我留下最深印象的还是曹操，曹操为人光明磊落，做人做事像一个男人，当年还是小姑娘的我，就已深深地被他吸引住了。

长大后我来到美国，在很多大学里教过中国历史，美国学生对三国的这些人物也十分感兴趣，他们经常问：曹操生前为什么不当皇帝？我的回答是：中国人做事讲究水到渠成，在条件不成熟的情况下，曹操宁愿把机会留给他的儿子。

大约在2012年，张朝炬博士来美国康涅狄格州纽黑文（New Haven）的耶鲁大学（Yale University）做访问学者时我们见过一面，张博士对中国历史深有研究，我们相谈甚欢，彼此都留下了良好印象。这次他对我说起打算写一部关于曹操的专著，我听后非常兴奋,希望他能另辟蹊径,从不同视角来展现这位雄才大略的历史人物。

在美华人大多热爱古典文学,大家对华夏悠久的文化满怀自豪。我觉得张博士研究历史善于从中寻找不被常人注意的人生哲理,这种做法是正确的,我们学习历史,不就是为了能对当下的工作和生活有所帮助吗?

我很期待张博士关于曹操的这套书能尽快面市,让中华文明在世界上多留存一些珍贵的文字记录,这或许也是全世界华人的共同愿望。

金安平 教授

2018年6月27日

引 子

PROLOGUE

三国是一个大时代,在这个历史阶段中涌现出无数英雄豪杰,豪迈豁达的曹操无疑是其中最为耀眼的一颗巨星,是他开创了“唯才是举”的用人之道,也是他采取了“奉天子以令不臣”的战略战术。从组织十八路诸侯共伐董卓,到官渡之战消灭袁绍平定北方,曹操每战必身先士卒、亲冒矢石指挥战斗,多次在鬼门关里杀进杀出。

他胜不骄、败不馁,闯过了种种艰难险阻,但即便是这样,仍然在赤壁之战中输得一败涂地,从人生最辉煌的高峰跌落,失去了在有生之年平定天下的可能性。失败没能打垮曹操,在接下去的岁月里,他还是为曹氏家族打下了坚实的基础,让后来的魏国成为了整个三国时代最强大的帝国。

曹操死后,他的长子曹丕继承了父亲的遗志,他取汉而自代之,成为曹魏帝国的开国皇帝。在曹丕任上,重用了司马懿、陈群等文臣和曹真、曹休等武将，不但改革了魏国的官吏制度，还进一步拉大了与东吴、西蜀的实力差距，为曹魏帝国储备了雄厚的实力，让东吴与西蜀望尘莫及。

曹丕之后，曹叡接过了魏国的大权，他放手让司马懿带兵，充分调动了这位能与诸葛亮抗衡的名臣的积极性，同时还得心应手地调配了曹真、曹休、张郃、郭淮等人的力量组合，让他们既合作又制衡，达到了同时阻击东吴与西蜀的目的。

曹叡完美的治军方略让诸葛亮六出祁山劳而无功，最终累死在五丈原。在他的治理下，魏国抑制住了西蜀与东吴的躁动，平定了辽东公孙渊的叛乱，将国家打造得坚不可摧。

三国时期的人物、家族关系复杂，故事纷繁。本书是以历史事实为基础，加之作者对三国人物性格和为人处世方法的深入研究和理解，通过一定艺术加工而成的演义小说。

目 录
CONTENTS

导读

曹操是整个三国时期最重要的人物之一，他在人们心目中的形象在不同的历史阶段有着不同的认知。从客观上来说，他是一位伟大的政治家、军事家、文学家和诗人。他身处东汉末年天下大乱的时局中，面对董卓暴政与黄巾之乱的双重压力，以极大的魄力举起“匡扶汉室”的义旗，从联合十八路诸侯讨伐董卓开始，到迎驾天子于许都，荡平山东各路诸侯，接着与河北的袁绍进行官渡之战，打败袁绍统一北方。

曹操最让人钦佩的地方是他胜不骄、败不馁，当他在赤壁之战中面临人生最大的失败时，没有像刘备遭遇夷陵之战那样气得一病不起抑郁而终，也没有像周瑜那样因拿不回荆州这点小事而吐血病故。曹操拿得起放得下，别人难以承受的巨大耻辱对他来说根本不值一提。赤壁之战失败后，他仍以极大的热情巩固在北方的政权，并将一个强盛的曹魏帝国传给了下一代。

第一章

天使性纯良

历史记载往往专注于伟人最大的光环，至于其他诸多问题就忽略不计了。我们看历史，一个人的结局好坏，一定要知道那都是有其自身原因的。

大变动中机会固然多一些，但能否把握还看各人的水平。越是危险而少人去的地方，机会越多。艺高人胆大，只有敢于探索，才能有所发现。

能力强或者长得美这都是资源，会更容易被推到重要的位子上去。但爬得越高，风险也越大，需要的本领与智慧就越多。

受命于天

曹操进驻冀州后，下令禁止军士们烧杀掳掠，派兵保护袁绍的宅邸与家人，清查袁绍所留下来的遗产，亲自发落袁绍以前的属下。有人抓来了当初为袁绍撰写战斗檄文的陈琳，曹操一见陈琳就来气，问他："你写的檄文够厉害啊，竟然将我的祖宗十八代都骂了。"陈琳低头谢罪道："我作为袁绍的主簿，上级有令，我怎敢不从，好比箭在弦上，不得不发啊。"曹操想想也是，周围人都劝他杀了陈琳，但曹操最大的特点就是喜爱人才，他知道陈琳的文笔了得，一篇文章的威力抵得上十万大军，所以舍不得杀他，就将他留在自己的身边，以后替自己写战斗檄文。

击败袁绍，是曹操到现在为止所取得的最为重大的胜利，从此奠定了他进取天下的基础，全军上下欢欣鼓舞，曹操与手下各级官员参与了对袁绍庞大基业的接管工作。其中最为特别的是曹操的两个儿子曹丕与曹植，既然父亲这里需要人手，他们兄弟俩也来到了冀州，协助父亲做各种善后工作。

这一天曹丕带着曹植来到了被严格看管的袁绍府邸，守门参将认出是二公子与四公子，忙上前请安。

曹丕说："袁绍府邸还没被清查过吧，我进去看看。"

守门参将赔笑道："二公子，丞相有令，让我等在此严密看守袁府，没有丞相的令牌，任何人都不许出入。"

曹丕说："我是丞相的儿子，难道我也不能进去吗？"

参将道："二公子，丞相军纪严明，曾经有一次丞相自己违反了军纪，他都要自杀以明典刑，结果因为全军不能没有主帅而割发代首，所以如果二公子没有丞相的令牌，属下万难放二公子进去。"

曹丕道："胡说，你给我让开，如若不然，小心我不客气。"

参将道："二公子，我若违反了丞相的命令，那可是死罪啊，万望二公子饶恕，要不请二公子去向丞相申请一块令牌再来如何？"

曹丕看守门参将坚决不放自己进去，也没办法，就对曹植说："你在这里等着，我去向父亲要一块令牌来。"曹植答应了一声，曹丕就独自离去了。

曹丕来到曹操的大营，只见父亲与诸将正在逐一发落袁绍的被俘众臣，其中有审配、郭图、逢纪、辛评等一批人的同僚。奇怪的是，这些人在袁绍军中各有派系，相互争斗，但都不愿意投降曹操。曹操又特别爱才，一个个地劝说，不听劝的才下令杀头，因此十分忙碌，曹丕一时也插不上话，只得在旁边等着。

在袁府门口等待的曹植左等右等也没见大哥回来，等得有点不耐烦了，就绕着袁府的围墙随意游走散步。袁绍府邸的规模非常大，除了前门沿着大马路气势恢宏之外，它还有后院与别院。走着走着曹植不知不觉中来到了袁府的后面，这里不是一扇门，而是一座山。只见此山虽然不高，但树木葱茏，竹林稠密，看起来景色十分优美。曹植是一个风雅之人，他对这一类精巧的山水布置极为欣赏，于是就深入其中，只见山石奇趣，鸟语花香，曹植走走停停，越看越有味道。

忽然他似乎听到前面的一座山石当中传来女子的说话声，声音之动听是他平生从未听到过的，他心想，这是谁在说话啊？这声音可真是太好听了，我得去看一看。曹植循声走去，发现在一座山石围绕的竹林中竟然有个石洞，洞中有一泓清泉，泉边有两个少女正在说话。

一个青衣少女对一个白衣少女说："小姐，我们经常从这个秘道出来散心不会被别人知道吧？"白衣少女道："没事，现在老爷都不在了，家里死了那么多人，大家谁还有心思来管咱们？”青衣少女道：“我们袁家这次是彻底完蛋了，今后我们该怎么办啊？”白衣少女道：“天下大事我等女流能做什么主，听天由命呗。”青衣少女道：“话虽如此，但看到满城兵荒马乱的总让人心里不踏实。”白衣少女道：“人生在世，能活着一天就是一天，就算明天死了也无可恋。”

曹植看到那位青衣少女是作丫鬟打扮，而那位白衣少女就是发出极为动听声音的人，她那种略带磁性的声音发出来，就像带有巨大的吸引力，把自己牢牢地往她那里拽。想到这里，他一不小心脚底发出了动静，那两位少女被惊动了，分别转头朝他看来。曹植一见那位白衣少女的容颜顿时就呆住了，他心里想，我是要死了吗？我是上天堂了吗？我竟然见到了神仙！只见那白衣少女的面容清丽出众，绝非一般女子可比，曹操府内也算美女无数，但和这位少女比起来，简直有云泥之别。

曹植两眼发直，双脚立定在那里无法挪动，口中讷讷地说不出话来，脸上一阵红一阵白，两位少女见他如此模样，以为是遇到了一个精神病人。白衣少女上前柔声对他说：“公子你是什么人？从哪里来的？”曹植强行镇定了一下心神，对白衣少女深施一礼，非常礼貌地说：“回小姐的话，我名叫曹植，今天偶然路过这里，无意中冒犯了小姐，在此谢过。”白衣少女笑道：“看不出你小小年纪，说话竟然如此文绉绉的，我叫甄宓，是袁府中人。”

曹植诧异地问道:“袁府门外戒备森严,甄小姐你是怎么从府中出来的?”甄宓说:“袁府的范围极大,包括后面的小山和许多密道,曹军是外来部队,他们哪能知道袁府的全部秘密?”曹植恍然大悟,对甄宓说:“在这兵荒马乱的时候,小姐平时出入要万分注意安全啊。”甄宓道:“多谢公子提醒,刚才听公子说,你是叫曹植?”曹植答道:“是啊,我是叫曹植,字子建。”甄宓用惊奇的眼光看着眼前的这位少年,口中小声念道:

白马饰金羁,连翩西北驰。借问谁家子,幽并游侠儿。
少小去乡邑,扬声沙漠垂。宿昔秉良弓,楛矢何参差。
控弦破左的,右发摧月支。仰手接飞猱,俯身散马蹄。
狡捷过猴猿,勇剽若豹螭。边城多警急,虏骑数迁移。
羽檄从北来,厉马登高堤。长驱蹈匈奴,左顾凌鲜卑。
弃身锋刃端,性命安可怀?父母且不顾,何言子与妻!
名编壮士籍,不得中顾私。捐躯赴国难,视死忽如归!

曹植听少女随口背出了他写的这首诗,不禁大为惊异,抱拳道:“不敢当,小姐怎么会背诵我的诗作?”甄宓眼中一下子露出了惊喜的光芒,她欢快地叫道:“原来你真的是曹子建啊,你是我的偶像哎,我可喜欢你了,你的新诗每出一篇我就背诵一篇。”曹植被甄宓的热情吓了一跳,她竟然对我如此熟悉?于是答道:“承蒙小姐高看,小生不胜欣喜。”

甄宓知道眼前这位少年就是曹子建后,感觉与他的距离一下子拉近了不少,因为此前的日日夜夜她一直被曹植的各种诗歌所迷,今天终于见到真人了,感觉就像追星的少女见到偶像一般。曹植对甄宓也是一见钟情,两人越说越投机,一直说到天色将晚,不得不暂时告别,两人约定明日在此再次相会。

曹丕在曹操的大营中,一直等到曹操办完了公事才有机会凑上去对父亲说,他想要一张令牌去袁绍府中搜查,曹操一听,头也不抬地说:“袁绍的府邸不许任何人私自进去,不过今晚我要去一趟,你陪我一起去吧。”曹丕没办法,只得答应。

到了晚上,曹操带着曹丕一起来到了袁绍府邸,守门军士看到丞相亲自来了,立即开门放人。曹操在前面走,曹丕在后面跟,袁绍的府邸实在是太大了,里面藏有许许多多的金银财宝,曹操已经派人在逐一清点登记,但远远还没查收完毕。曹操东看看西看看,对带路的人说:“袁府的女眷们都在哪里?我得见见。”带路人说:“回丞相话,都集中在西厢房。”曹操说:“你带我过去看看吧。”

袁绍府中原来有许多的女眷,个个如花似玉,曹操早有耳闻,但又听说在袁绍死后,他的大老婆刘夫人大开杀戒,把袁绍生前最为宠爱的几个妻妾全都杀掉了,将本来热热闹闹的袁家变得冷冷清清的。曹操来到西厢房,见里面的女子并不多,但其中却有一个白衣少女如同夜空中的明月,掩盖住了所有女人的光芒。见到这个女人,曹操只感到气为之摄，浑身如同受到雷击一般地被震撼了。

这时只听身后略有异响，曹操转过头去一看，只见曹丕也是两眼发愣，一副失魂落魄的样子，目光直勾勾地盯着那位白衣女子，曹操推了他一把，曹丕这才缓过神来，赶紧说："对不起，父亲，我失态了。"曹操对众女人说："哪一位是刘夫人？"只见一个半老徐娘的彩衣女子站起来向曹操万福，曼声道："贱妾便是刘氏，在此恭候丞相。"曹操又问："这位白衣女子是谁？"刘夫人道："她是袁熙的夫人甄宓。"此话一出，曹操"哦"了一声，甄宓，他听说过这个名字，传说中的河北第一美人果然不凡！

这时忽听"扑通"一声，只见曹丕跪在了面前，曹操不解地问："子桓你干什么？"曹丕回答："父亲，我要娶这甄宓为妻，请父亲恩准。"曹操倒吸一口凉气，心想我这大儿子平时做事小心谨慎，很会察言观色，今天是怎么了？难道看不出老爹我自己喜欢这个女人吗？竟然先下手为强来跟我抢？但当着这么多女人的面，曹操也不好失了面子，只得说："此事不急，我们回去慢慢商量。"但没想到今天的曹丕好像是吃错了药，竟然一反常态，仍然跪在那里对曹操说："父亲若是不答应，我就不起来，我一定要娶甄宓为妻，请父亲成全。"

曹操心里恼怒不已，暗想这不是在逼宫吗？明知我喜欢这个女人，想纳为己有，你来凑什么热闹？但当着众人的面，尤其是甄宓在场，曹操无论如何不愿失了体面，只得压了压内心的怒火，对曹丕说："好的，我答应你，你起来吧。”曹丕见父亲答应了，还怕他事后反悔，立即敲钉转角地说：“多谢父亲成全，儿子提请明天就与甄宓成婚。”曹操大怒，心想这孩子太不懂事了，哪有这样逼迫父亲的？但话已出口，也不好收回，只得说：“你回去问问你娘吧，如果她也同意，那就没问题。”曹丕大喜，立即说：“多谢父亲，娘一定会答应的。”

曹操今晚的心情很差，他最为心爱的一件宝物竟然被自己的儿子给夺走了，顿时对其他所有事情都没了兴趣，立即打道回府生闷气去了。曹丕却欢天喜地地去找他母亲说举办婚礼之事，卞夫人听说儿子要娶媳妇了，当然很高兴，但得知儿子要娶的媳妇是袁绍二儿子的老婆时，心里却有一点别扭。

她心想，就凭我儿子的条件，娶谁家的女儿娶不到啊，虽说我们不用去攀高枝娶皇帝的公主，但位高权重的朝廷大臣的女儿或者名门大族的儒林世家的女儿总是可以的吧。就算袁绍家族原本的确是四世三公的名门望族，但他家现在已经彻底没落了，袁术因为私自称帝失败变成了谋反之臣，袁绍也战败身死落得个家破人亡。哪怕不说这些，这甄宓也不是袁家的女儿啊，她是袁家二公子的妻子，而袁家二公子现在还没死呢，只是远遁辽东，逃到公孙康那里去了，这样的女人适合当自己的长媳吗？

想到这里，卞夫人对曹丕说：“子桓，既然你喜欢这个女人，娘也不是不同意，男子汉大丈夫以后三妻四妾都很平常，但你毕竟是曹家的长子，将来大有作为，能不能让她当一个侍妾，不要当你的正牌夫人，可好？”曹丕回答道：“娘，儿子爱极了这个女人，无论她是什么身份，无论她来自何方，既然要娶她，就不能委屈了她，所以我一定要让她成为我的正牌夫人。”

卞夫人说：“儿啊，你怎么这么傻，你难道不懂你爹的心思吗？连你娘都听出味道来了，你现在最重要的事情是要获得你爹对你的信任，将来你的前途才能一片光明，天下女子多了去，只要你的事业有成，娶妻还怕没合适的吗？”

曹丕说：“娘啊，儿子也算见过一点世面，但却从来没有见过如甄宓这般令人心动的女子，如果娶不到她，就算今后取得再大的事业成就又有什么意义呢？”卞夫人看曹丕竟然如此执着，想想毕竟是自己的儿子，当娘的就算心里有想法，但又能怎样呢？到最后还是要满足他的心愿，所以也只好说：“好吧，如果你想清楚了，娘没有意见。”

第二天一早，曹丕见到弟弟曹植就对他说：“四弟，你恭喜我吧，二哥我要结婚了！”曹植一听吃了一惊，心想二哥昨晚没睡好吗？怎么说胡话了！他小心地问道：“二哥你开玩笑吧？都没见你提到过有喜欢的女人，怎么突然就要结婚了？”曹丕说：“没有喜欢的女人那是以前，现在有了，所以就要结婚了。”曹植看他不像是开玩笑，这才认真地回答：“好啊，那恭喜二哥了，什么时候结婚啊？”曹丕说：“就是今天，过一会我就去拜堂成亲，你一定要来参加哦。”曹植又是吃了一惊，心想二哥这是要去抢亲？怎么说结婚就结婚啊？这种结婚方式我看只能用一个名词来形容了，叫做“闪婚”！但既然二哥要闪婚，那我就祝贺他呗，于是大声答应道：“太好了，我赶紧回去换礼服并通知众人，待会一起来参加二哥的婚礼。”

曹操从昨晚回到府邸之后就一直把自己关在卧室里，他心里实在憋屈死了。这次他之所以要提前封锁袁绍的府邸，其中的一个原因也正是为了这个甄宓。他早就听说袁府之中有绝世美人，但并未真正见过，所以这次破城之后，立即派人封锁住袁府。毕竟攻破冀州是件大事，接下来有许多紧急的事情要办，他分身乏术。但考虑到袁府任何人不得接近，所以拖几天也是无妨，等他把重要事情处理完了，才带着儿子一起前去查看。可没有想到的是，与自己争夺美人的竟然是自己的儿子，这可就难坏了曹操。当时在众人面前，自己虽然心里有一万个不情愿，但难不成还当众与儿子争风吃醋？若要是这样，传出去岂不是成了笑话？子桓平时严谨老实，从没有非分之想，不知这次是怎么了？竟然不顾一切地与自己争夺美人，自己被迫答应他了，他还是不放心，要速战速决将生米煮成熟饭，这个儿子不简单啊。

曹府要办事情一向是雷厉风行，既然二公子曹丕要举行婚礼，众人一起帮忙，一会儿就把所有事情都准备好了，到了下午三点，曹丕的婚礼正式开始。曹操与卞夫人迫于形势，也没任何办法，只得参加了儿子的婚礼。曹植当然也很高兴，没想到他二哥如此迅捷，一下子就娶了夫人，但当他看到曹丕的新夫人亮相时还是被惊呆了，这……

这不就是甄宓吗？甄宓可是他所喜欢的女人啊！

自从昨天见到甄宓后，曹植一直茶饭不思，全心全意地都在想着这个迷人的少女，要不是今天二哥成婚，他早就跑去找甄宓会面了，她怎么突然会成为二哥的夫人？也就是自己的嫂子！这个打击对曹植来说真是太大了，他一点心理准备都没有，整个人就像是从天堂一下子落到了泥地里，二哥婚礼上究竟发生了些什么，他竟然视若无睹，整个人茫茫然不知所措。

曹植也不知道二哥的婚礼是什么时候结束的，反正他心情极度郁闷，他的这些情绪反应全都逃不过他母亲的眼睛。曹丕的婚礼结束后，卞夫人就把曹植叫到了自己的房间里，卞夫人问他："子建，今天你是怎么啦？我看你的情绪极其低落，难道跟你二哥的婚礼有关？"曹植看瞒不过母亲，也就坦白地对母亲说了他对甄宓的爱慕之情，卞夫人一听顿时头脑发晕，她想这甄宓就算漂亮，也不至于让我曹家的父子三人都为她痴迷吧。夫君一向豪侠磊落，但你看他今天在子桓婚礼上的笑容是多么勉强，现在又轮到子建了，子建的脸上写满了悲伤与痛苦，这个女人竟然搞得我全家不宁，我去杀了她！想到这里，一向慈祥平和的卞夫人也露出了杀气。

第二天，新婚夫妇来向父母请安，请安结束后，卞夫人留下了甄宓，说要与她单独谈谈，等其他人都走完后，卞夫人才对甄宓说："你是我们曹家的儿媳，我作为婆婆本来是很欢迎的，但是你天生丽质却引发了我曹家的父子兄弟不和，这就让我非常为难了。”甄宓道：“婆婆在上，我自知有罪，只是在这乱世，女人的一生不由自己做主，所有的选择都非是我的本意，我只是任由男人摆布的棋子罢了。”

卞夫人道：“话虽如此，我也知道你情非得已，但目前的事实就是因为你而导致了我曹家上下不和，你说该怎么办？”甄宓道：“我又能怎么办，最多就是一死。”卞夫人道：“我也知道是委屈你了，美丽不是你的错，但过分的美丽会造成巨大的破坏力，如果不把你除掉，只怕我们曹家会成为袁家第二了。”甄宓黯然神伤但也无话可说。

正在此时，曹操推门进来了，他在门口听到了卞夫人与甄宓的对话，他进来后看了看甄宓，摇了摇头，还是不忍心地对卞夫人说：“夫人啊，算了吧，别赐死甄宓，否则我们会失去子桓的。”一听到“子桓”两个字，卞夫人立即也就软了。的确，一旦她赐死甄宓，子桓将会怎样？她不能想象，也不敢冒险，这真是左右为难，最后只能对甄宓说：“看在子桓喜欢你的份上，我也不再难为你了，你回去后好好侍奉子桓，忘记子建，千万不要挑拨他们兄弟之间的矛盾，否则我绝对饶不过你。”甄宓答应了，退了出去。

在新婚之初，曹丕十分开心，他每天都陪着甄宓，甄宓果然是天生尤物，她琴棋书画诗词歌赋样样精通，尤其在诗词鉴赏上的造诣还胜过曹丕，曹丕有一次问她：“你有那么高的才艺，当初在袁府中有人欣赏吗？”甄宓说：“说实话还真没有，男人们都忙着事业，尤其是袁熙，袁绍派他去镇守幽州，他并没有带我去，把我留在了冀州，所以我一直就是一个人生活过来的。”

曹丕道：“你说袁绍当初有那么大的实力，但最后为什么会失败？”甄宓道：“废长立幼实乃取祸之道，本来家中长幼有序，各有分工，相互团结，天下难有其敌，一旦废长立幼，使得人人都觉得自己有机会，于是互相明争暗斗，派系林立，内耗不断，这才给了外人以可乘之机。”曹丕说：“没想到你一个女子，竟对家国大事看得如此明白。”甄宓说：“身在其中，切肤之痛，能不明白吗？所以希望你们兄弟是能够团结的。”曹丕说：“那是当然。”

曹操将处理袁绍旧臣事宜全部办完后，专门选了一天，带着文武百官去祭拜袁绍之墓，虽然袁绍是被他自己打败的，但事后的表面文章曹操还是要做足的。来到袁绍墓前，曹操痛哭流涕，他说：“我与本初（袁绍字本初）从小就认识，大家在一起长大，其间本初给了我很多的帮助，他的学问见识都远超过我，我一直将他视为大哥。想当初我们一起辅助大将军何进，但最后何进不听劝告，引来了杀身之祸，本初首先率兵为何进报仇，杀死了十常侍。但后来事情的发展出乎意料，董卓进京为祸朝廷，我倡议集天下诸侯之力共伐董卓，也是本初担任的盟主。本初为了朝廷为了天下殚精竭虑，没想到事有不遂，死在了我的前面，这真让我痛惜啊。”

旁边众人看曹操如此做作，大家心里都感到好笑，这是哪跟哪啊，不就是你把袁绍给消灭的吗？怎么听起来似乎与他还是情同手足？可见但凡政治人物，做事是做事，作秀是作秀，相互之间一点也不矛盾。

曹操祭奠完袁绍后，回到营寨与众人商议如何彻底清除袁绍的几个儿子。大儿子袁谭是个反复小人，曹操一度为了笼络他，已经答应将自己的女儿嫁一个给他，以为这样袁谭总能死心塌地跟随自己了吧，但事实并非如此。袁谭自认为是袁家的长子，绝对不能给袁家丢脸，一时权宜之计投降曹操则可，永远投降曹操则不可，所以翻来覆去，总想找机会重新自立，结果在一次叛乱当中被曹洪所杀。

而袁熙与袁尚自从逃到辽东之后，曹操本来打算去追杀，但郭嘉进言道："辽东公孙康对袁家兄弟是存有戒心的，如果我们去追杀他们，他们必然抱团抵抗，不如加封公孙康，让他除掉袁氏兄弟。"曹操听从了郭嘉的建议，果然公孙康很快就将袁氏兄弟的人头给送来了。

至此，袁绍的残余力量全部被消灭了。在这个过程中还发生一件大事，就是曹操手下的第一谋士郭嘉死了，郭嘉是累死的。他一直为曹操出谋划策，经常亲自去实地察看地形。作为一个读书人，身体比较文弱，受不了风餐露宿，结果就累死了。曹操对此哀痛逾恒，举行了追悼会。上一次同样的追悼是典韦之死，可见郭嘉对曹操的重要程度与典韦相仿，最后曹操亲自扶着郭嘉的棺椁回到许都以示对他的尊敬。

回到许都后，为了纪念自己平定北方的伟大功绩，曹操命人建造铜雀台，铜雀台由两幢高楼组成，一幢名叫玉龙，一幢名叫金凤，中间有天桥相连接，曹植还为此写下了著名的《铜雀台赋》，其曰：

从明后而嬉游兮，登层台以娱情。
见太府之广开兮，观圣德之所营。
建高门之嵯峨兮，浮双阙乎太清。
立中天之华观兮，连飞阁乎西城。
临漳水之长流兮，望园果之滋荣。
仰春风之和穆兮，听百鸟之悲鸣。
天云垣其既立兮，家愿得而获逞。
扬仁化于宇内兮，尽肃恭于上京。
惟桓文之为盛兮，岂足方乎圣明？
休矣美矣！惠泽远扬。
翼佐我皇家兮，宁彼四方。
同天地之规量兮，齐日月之晖光。
永贵尊而无极兮，等年寿于东皇。

曹操一统北方各州，成为了全国第一大军事力量，再无诸侯能够与他抗衡，天下有识之士蜂拥而来，曹操也有意吸纳优秀人才充实自己的队伍。在所有投效曹操的青年才俊中有两个人最为突出。

一个是杨修，字德祖，他爹是太尉杨彪，出自著名的弘农杨氏家族，杨家祖祖辈辈都是当大官的，家世极为显赫。而杨修本人又是一表人才，聪明绝顶，看书一目十行，过目不忘，博闻强识，知识渊博，深得曹操喜爱，于是将他推荐给了自己的爱子曹植。杨修与曹植一见如故，两人都是大诗人、大文学家，平时喝酒吟诗，纵论天下大事，感情日益深厚。

另一个是司马懿，司马懿出自河内郡的司马家族，这也是一个名门望族，家族内人才济济，司马懿的大哥司马朗早就在丞相府里任主簿之职，而他爹司马防是当时的京兆尹，掌管京城事务。司马懿稳重内敛，不喜张扬，但心计极深，做任何事情都有详尽的盘算，曹操对他刮目相看，就让他陪伴自己的二儿子曹丕。

在曹操看来，任何人任何事都是为他曹氏家族服务的，既然天降两位能力出众的青年才俊，那就给曹丕与曹植一人一个。将来若是打算让曹丕接班就杀了杨修，打算让曹植接班就杀了司马懿，在此之前就让他们辅佐自己的两位儿子飞奔吧，看谁先到终点。

司马懿从此就跟着曹丕，他给曹丕设计的做人方法是一切走正道，事事都要踏踏实实地真抓实干，从来不寄希望于投机取巧。而杨修给曹植所设计的做人方法是事事都投机取巧，尽量走捷径，为达到目的可以不择手段。

比如说每次曹操要考问两位儿子的功课，杨修都能预料到曹操大概会出什么题目，事先将答案想好教给曹植。而司马懿却让曹丕认真做足功课，不要押题或挑选重点，父亲考问时，会的就回答，不会就承认，回来后再继续学习。结果曹操考问两位儿子的功课时，曹植总是有备而来，回答得头头是道，如行云流水般顺畅，让他十分满意；而曹丕却有时回答正确，有时回答错误，让他觉得这个儿子是笨一点。

很明显，曹植暂时是领先于曹丕了，曹丕回家后就埋怨司马懿，说："你怎么就不能像杨修那样事先帮我预测一下父亲的考题？我也能像四弟那样对答如流该多好啊。"司马懿却说，"你不要急，我对丞相的性格与为人做过深入的分析，丞相绝对不是一个容易受骗的人，杨修他们那么做，时间一长必定会露出马脚来，到时候丞相对他们的看法就会大变，你只需耐心踏实地努力，就一定会后来者居上。"曹丕想想司马懿说得也没错，于是就先这么继续做吧。

果然曹操的确不是一个好糊弄的人，杨修搞得次数多了，曹操也会觉得奇怪，因为每次他出题曹植都能轻易做出极为准确的回答，好像能事先预料到他出的题目似的，反观曹丕则有对有错，显得真实可信。曹操经过暗中调查，才发现杨修此人太善于揣摩上意了，竟然对自己看得无比透彻，自己的所思所想无不在他的预料之中。虽然说这是杨修的本事，但这种本事听起来非常可怕，曹操感觉自己在他面前就像是赤身露体一般没有遮挡，完完全全被他看透了，这使得曹操越想越不自在，自然也就开始提防杨修了。而杨修还自鸣得意，完全没有意识到他的聪明外露会带来什么后果。

统一北方后，接下去准备干什么？这件事摆在了所有人面前，连日来曹操在丞相府召集荀彧、荀攸、程昱、贾诩、刘晔等人商议此事，大家都发表了各自的想法。

荀彧首先发言，他说："我们打败袁绍的目的是为了扶助汉室，现在全天下已经没有能对汉室造成直接威胁的地方势力了。如果我们继续打下去，别人会误解我们的初衷，以为我们是为了扩张自己的势力范围，所以不能给天下人以口实，应该把过去那种军事化的行为模式改回到以发展民生为主线的方面来。让老百姓摆脱战争带来的困扰，过上安居乐业的生活，而这也是我们最初的理想，现在到了该兑现这个理想的时候了。"

荀攸也跟着说："打仗打的是粮草补给，我们在官渡之所以能战胜袁绍，其中很重要的一个原因就在于切断了他们的粮草补给。由于连年战争，我们目前的粮草补给也很困难，粮草完全来源于农业生产，而农业生产需要一个和平的环境，所以我建议休养生息一段时间。一方面增强我们的实力，另一方面尽量通过非军事的手段来解决其他诸侯的问题。"

程昱说："我们虽然想安定，但毕竟四周强敌环视。西面有张鲁，西北有马腾，南面有刘表，东南有孙权，这些人都不是容易对付的，他们随时会来袭击我们。比如那个刘备，别看他四处流浪，没有容身之地，但绝对是一代枭雄，一旦成了气候，对我们的威胁会非常大。依我之见，首先我们要去消灭刘备，其次我们要去占领荆州。消灭刘备是为了清除竞争对手，占领荆州是因为它是通向南方的门户之地。”

贾诩说：“我军多为北方军士，骑马打仗是我们的强项，但到了南方，那里河网密布，当地人习惯水战，北方的士兵若非经过专门训练，只怕在摇晃的船上都站不稳脚。我自己是西北人，偶尔乘船，只要船一晃我都想吐，那种感觉非常难受，如果我们有南征的打算，首先就需要训练水军。”

刘晔说：“王道治国，以德服人，丞相辅助天子，以天子之诏号令天下，诸侯们应该都会服从，我们不用去四处征战，除非有什么明显的敌人冒出来，否则加强国力是眼下第一要务。”

贾诩又说：“在我们的北方，有不少游牧民族正在崛起，尤其是匈奴部落极为凶悍，我们若想南征，必须要提防匈奴的袭击。”

荀攸也说：“南征之前，我看还有西北的马腾需要解决，马腾率领西北雄师，整体实力非常强大，一旦他与张鲁联手，必定是我们的心腹大患。我听说马腾还有好几个如狼似虎的儿子，尤其是他的大儿子马超英勇无敌,丞相不可不防啊。”

荀彧说:“大家都是一味地求霸道而不是王道,我们现在已经是天下诸侯仰望的榜样了,不能再为所欲为,不能再师出无名。只要我们协助天子恢复大汉的荣光,各路诸侯必然倾心来投,无需再动刀兵,也不要再给天下百姓带来更多的灾难了。”

听了几位谋士的建议后,曹操心想,荀彧很明显是保皇派,他一心一意想做大汉的忠臣,荀攸是他的侄子,当然与他的立场相近。不过这也难怪,毕竟颍川荀门乃是儒林世家,祖祖辈辈都是大儒,讲究的是忠君爱国,他们绝不会做违背道义之事。反而是程昱与贾诩的立场比较灵活,他们本身的根基不深,谈不上与大汉皇室有啥渊源,所以容易看清形势。以目前的状况来看,我自己的想法也在改变,大汉如果没有我,早就分崩离析了,因为有我在捍卫着,大汉才能走到今天,但我是不是要永远捍卫大汉的基业呢?这是个问题。

其实最能看清楚曹操心理变化的就是贾诩,他出身西北,经历了董卓、李傕、郭汜之乱,又依托过张济与张绣,参与过的战乱太多了,早已看透了时局,曹操的这点小心思哪能瞒得过他的眼睛。按照贾诩的总结,任何一个人的进步都会经历几个阶段,首先是安身立命,找到自己扎根的基础,这阶段必定是谨小慎微;然后是发展,发展是否顺利就看能力与运气了,这时候仍然是需要兢兢业业,一旦发展顺利最终成了巨头,那么此人肯定会自我膨胀。曹操目前就是要自我膨胀了，他已经不把天子放在眼里，打算逐步将汉家的天下变成曹家的天下，至于他本人会不会亲自篡位，就看他能否平定剩余的几位地方军阀了。

荀彧心想，与曹操一起走到今天不容易，但如今的曹操明显与当年不一样了，他野心膨胀，贪欲无边，就像是要一口吞下整个天下似的，根本不把其他人放在眼里。照这么下去，总有一天他或者他的儿子将要篡位，到那时我该怎么办？我们颍川荀门代代忠烈，绝不允许出现叛逆之臣。但我目前就在曹操的这辆战车上，半途下来肯定粉身碎骨，但不下来又会背负千古骂名，这可如何是好？

程昱心想，历史的潮流总是不断向前发展，大汉的江山也是从秦朝那里夺过来的，将来就算曹操有篡位的可能性，想通了其实也无所谓，谁当皇帝并不重要，重要的是能让天下安定，老百姓从此过上幸福的生活。汉室天下发展到现在，早已是风雨飘摇，大势已去，若是换一个朝代似乎还更好，只是在接下来的战役中，我们能否打败所有地方割据势力，这还得走着瞧。

最终曹操认为，平定天下是必须要做的事，问题是先收拾马腾还是先收拾刘表？贾诩说："马腾与刘表，应该是马腾更难对付，刘表是个守财奴，他轻易不会出来袭击我们，不过我们去打马腾也不合适。因为西凉太远，而且非常荒凉，那地方没什么战略价值，花费大量的人力物力去那里折腾没有意义。而刘表所在荆州，钱粮充足，土地肥沃，四通八达，一旦我们占领了荆州，对将来向全国进军都有战略意义。所以我建议最好是想个办法将马腾骗到许都来，然后将他留在朝廷里做官，这样我们就不怕西凉军造反了，然后操练水军，做好进攻荆州的准备，这才是最佳的战略部署。”

曹操觉得贾诩说得对，于是一方面让天子给马腾下诏书，调马腾来朝廷当官，另一方面让于禁和毛玠两人负责训练水军，于禁和毛玠全都是北方人，和其他将领比起来，他们唯一的优势是会游泳，至于训练水军，他们从来没干过，完全不会。但其他人就更加不会了，曹操也只能矮子里面拔长子，他想其他人连游泳都不会，让他们去训练水军更是没戏。于禁和毛玠接到命令后，也不敢推辞，只得仓促上马。既然要训练水军，怎么都得有水吧，北方多干旱，很多地方缺水，但这难不倒曹操，曹操下令在许都开挖两个大湖，一个名叫“朱雀池”，另一个名叫“玄武池”，让于禁和毛玠在湖中训练水军。

曹操已正式任命于禁为水师大都督，毛玠为水师副都督，于禁负责训练军士，毛玠负责打造战舰。连日来毛玠快马加鞭地打造战舰，船造得又高又大，上下两层，四周有宽阔的甲板。于禁将水师分成黑白两支队伍，各驾驶一条大船，相互模拟在湖上对战，务必做到号令统一，行动有序。曹操时不时地过来观看演练，虽说自己也不懂水战，但看到于禁操练的水军气势昂扬，也感到很是欣慰。

曹操在许都操练水军的消息传到荆州刘表那里，刘表一听就知道曹操有进犯荆州之意，若非意图进犯荆州，何必要操练水军？自从前些日子刘备前来投靠，刘表就已经料到曹操必定会打过来，曹操以前不取荆州是因为背后有袁绍盯着，现在袁绍死了，北方已经平定，他没有理由不打过来。

刘表对自身能力还是有认识的，他知道自己平时高谈阔论很在行，真要是领军打仗根本不是曹操的对手，他这一辈子因为是皇亲国戚，根本没怎么打过仗。他所在的荆州地处富饶水乡，土地肥沃，人民富足，是一块风水宝地，这么多年下来，他一直结交名士，吟诗作画，品评文学，对打仗之事可谓知之甚少。

以前张绣来投，他就让张绣率兵去打曹操，现在刘备来投，他又让刘备替自己阻挡曹操的进攻。虽然这次刘备来投，他的妻弟蔡瑁极力反对，但他知道蔡瑁是想投降曹操的，自己毕竟是汉室宗亲，不能就这样屈服于曹操，所以才让刘备来协助自己积极备战，抵御曹操来犯。

为了进一步探听曹操的真实意图，他还决定派韩嵩以祝贺为名去曹操那里探一探虚实，韩嵩此人是一个纯粹的文人，这次接受刘表的委托后，带了一些荆州的特产前往许都面见曹操。

东吴的孙权也得知了曹操大练水军的消息，这个迹象太明显了，孙权心想，肯定曹操是要来打我的东吴，否则干吗操练水军？自从大哥孙策死后，孙权年纪轻轻就接过了军国大权，好在孙策临死前留给他一个治国方略："外事不决问周瑜，内事不决问张昭。"有周瑜和张昭的协助，孙权经过几年的努力，已经牢牢地在东吴站稳了脚跟。

孙权用人有他独特的方法，凡是他认为有用之人，都会通过联姻收揽到他的亲戚队伍中来，所以他根本不担心重要岗位上的人会背叛自己，因为他们全是亲戚关系。这次遇到军情之事，那应该算是外事了，孙权马上找来了周瑜。周瑜目前是东吴的水军大都督，总领东吴最精锐的队伍，他听说曹操操练水军之事后，也认为曹操在不久的将来必定会来攻打东吴，为了知己知彼，最好能先派一个使者前去许都探听曹操的底细。派谁去最合适呢？周瑜推荐鲁肃，说鲁肃一定可以不辱使命，孙权也认为鲁肃是个人才，他曾经与鲁肃有过交流，鲁肃对天下大势看得极其透彻。

于是很快曹操在许都就迎来了马腾、韩嵩与鲁肃等几位地方要员，马腾是来就职的，韩嵩与鲁肃是来祝贺的，曹操很是开心。他想有时候荀彧说得很对，一旦我的实力强大了，不一定非得用军事手段才能降伏对手，兵书里说，不战而屈人之兵，那才是战争的最高境界。我可以利用这次机会，向大家展示一下我的实力，然后再利用天子在我这里的优势，以朝廷官职诱惑诸侯手下的属臣，将他们拉到我这里来，如此这般说不定就不用真的出兵打仗了。

曹操在许都大摆筵席，盛情款待各位来宾，他要向大家展示一下自己的实力，包括手下的众多能人。除了几位主要谋士之外，连杨修、司马懿等年轻一代也都在座，席间大家相互宣传自己主公的显著政绩或值得炫耀的事情。韩嵩是一个文人，文人总有些书呆子气，为了彰显刘表在荆州所做的学术成绩，他特地拿出了一本由荆州众多文人共同编著的论文汇编。据说是集合了文史之精华，他将此书首先递给曹操，很谦虚地请曹丞相指正。

曹操也是著名的文学家、大诗人，他拿过该书翻了几页，见里面的文章果然篇篇精彩，立论新颖，数据翔实，的确是大家手笔。曹操翻阅后又传给旁边的谋士们看，大家看后无不打心眼里由衷佩服，都说荆州文人甲天下，看来此话不虚。

但是当该书传到杨修手中时，只见他仔仔细细看了一遍，虽说他看书极快，一目十行，但很明显他看得非常仔细，当他看完全书后，对韩嵩说："韩大人，你说此书是你们荆州的文学大师们集众人智慧写出来的？"韩嵩说："是啊，这难道还有问题？"杨修道："不会吧，这本书明明就是我们老家连三岁孩子都会背的识字课本嘛。"韩嵩一听顿时哭笑不得，心想杨修是疯了吧，我这本书他说是孩子们的识字课本？太搞笑了，于是韩嵩对杨修说："既然如此，那就请杨公子背诵一遍试试？"

曹操听杨修如此说，他心里也是不信，但想这杨修应该没疯吧，当着这么多人的面，他来这一手会不会有点过分了？于是主动拿过了书，随便翻开一页，对杨修说："杨公子，你背一背第二十七页的内容吧。”没想到杨修还真是立即就一字一句清清楚楚地背了下来，在场的所有人都大吃一惊。曹操又随便翻了一页对杨修说：“你再背一背第四十二页的内容。”杨修又是顺顺利利地背了出来，一点含糊都没有，好像真是他从小就背熟的那样。

大家看韩嵩的脸色是越来越灰，灰中还慢慢透绿，他几乎不敢相信这是真的。曹操心里是明白的，他知道这是杨修在炫耀他过目不忘的本领，但这一本领也是够了不起的，足以惊世骇俗。曹操故意对韩嵩说：“韩大人，这么看起来，或许此书真的是小儿识字课本了？”韩嵩惊愕得说不出话来。

宴席结束后，曹操又请大家移步朱雀池观看水军操练，这是个重头戏，曹操是想借炫耀自己的水军来震慑刘表与孙权的使者，让他们回去告诉主子，放弃不切实际的幻想，赶紧投降才是正路，而韩嵩与鲁肃正要看看曹操水军的本领，也好评估自己是否有抵抗的能力。只有西凉的马腾对水战不感兴趣，他只是看热闹而已，了解一下曹操有没有统一南方的可能性。

大家来到朱雀池后，发现这里是好大的一个人工湖，数条大船在湖上巡游，曹操等人坐定后，于禁一声令下，只见大船迅速分成了黑白两队演练水战。随着于禁发出的口令声，水军们动作整齐划一，湖面上战鼓震天，阵阵喊杀之声扑面而来，场面非常壮观。

马腾是西北人，根本不懂水战，他觉得曹操确实有点厉害，这么短的时间里就把水军训练出来了，而且看起来十分强悍。韩嵩是个文人，对打仗的事情不熟悉，看到如此阵势，也被吓着了，心想曹操已经训练出这般强大的水军，那我们荆州还有什么优势可言？一旦曹军打过来，我们的水军无论从人数上，还是从阵法上都比不过他们，看来只有投降是唯一有效的自保之路。

所有人当中只有鲁肃与众不同，他是正宗的水战专家，他从小生长在江南水乡，熟悉河湖江海，了解水战的基本规律，他一看曹操所演示的水军操练，心里立即就有底了。人工湖泊毕竟与天然的大江大河有区别，人工湖泊无风无浪，水面平稳，水下也没有激流险滩，至于水军常用的水鬼战术也不曾见到。在鲁肃看来，曹操的水军就是在演戏，实用性一点也没有，真要是放到南方的大江大河里去试，立即就会现出原形来。

看清楚曹操水军的真实底细后，鲁肃大为放心，他首先站起来为曹军鼓掌，大声高呼："曹丞相的水军威震天下，所向披靡，我等拜服。"他这么一叫，旁边的其他人也跟着欢呼起来，大家一致称颂曹操的水军横扫海内，不在话下。曹操听后大为得意，他仿佛看到了自己的水军将江南水师打得落花流水的样子，刘表与孙权一起拜服在他的面前，从此一统华夏。

演习结束后，曹操又安排机会单独接见了从东吴来的使者鲁肃，曹操对鲁肃说:“鲁大夫从江东来,吴侯孙权也算是我的晚辈,想当年我与他的父亲孙坚一起讨伐董卓。孙坚号称江东猛虎,打起仗来果然勇冠三军。那一年十八路诸侯当中,也只有孙坚一支部队与老夫并肩作战,结果还是孙坚率先攻入了洛阳。”鲁肃道:“想起当年丞相为国为民,奋力杀贼的英勇往事,在下一直甚为仰慕,吴侯每次提到之时也是极力推崇。”

曹操说:“当今天下诸侯,吴侯的年纪最小,但据说他能力超强,你觉得是不是这样?”鲁肃说:“吴侯为人胸襟豁达,他能够礼贤下士,能够用人所长,所以江东英贤纷至。”曹操说:“东吴的水军大都督是周瑜吧,听说周瑜文武双全,才识过人?”鲁肃道:“周瑜都督是我们江东的第一能人,天下大事他无不了如指掌,加上吴侯对他是百分之百的信任,所以他做事没有阻碍,也算是君臣同心,其利断金。”

曹操又问:“听说江东有两大绝世美女,分别是大乔与小乔,此事可真?”鲁肃说:“那是当然,江东乔家二女,姐姐为大乔,妹妹为小乔,当真是天姿国色,后来大乔嫁给了孙策,小乔嫁给了周瑜,所以孙策与周瑜成了连襟之亲。”曹操“哦”了一声,脸上露出了艳羡的神色。

曹操回到丞相府后,忽然门卫来报,说门外有故人求见,说是从南华学府来,曹操一听,顿时抬起头来说:“有请!”不一会,从外面进来了两个用轻纱蒙面的女子,向曹操万福,口称:“曹丞相还记得故人吗？”曹操仔细一看，认出是南华学府的沐葱葱与沐孜孜姐妹，立即站起来，客气地让沐葱葱与沐孜孜坐，侍从端上茶水后，曹操屏退了左右，对两姐妹说：“葱葱、孜孜，我想死你们了，这些年战事不断，始终没能抽出时间去拜望南华仙翁，仙翁还好吧？”

沐葱葱说：“师父一直都很好，他老人家还经常说起你。”沐孜孜道：“曹大哥，师父说让我与姐姐一起来看你，你现在的事业做大了，肯定非常忙，有什么事是我们可以帮你的？”曹操说：“葱葱、孜孜，我们是一家人，最近我的确有些烦恼事，荆州的刘表与江东的孙权始终对我虎视眈眈，他们的存在影响到我安定天下的大业，如果有可能，我希望你们能帮助我对荆州与江东进行侦查。”

沐葱葱说：“听师父说，刘表是汉室宗亲，孙权也是将门之后，但他们为什么要影响曹大哥你的统一大业呢？”曹操说：“当今天下形势错综复杂，作为一方军阀势力，谁都想扩张自己的地盘，不服从中央的管辖，但天子就在许都，我是朝廷的丞相，他们与我作对，难道不是与朝廷作对吗？”沐孜孜说：“曹大哥你说得是，天子在许都，你现在的所作所为代表着朝廷，他们不听天子的命令就是与朝廷作对，与朝廷作对那就是反叛了。”

曹操说：“孜孜你说得太对了，凡事都有正统，而天子就是正统，我现在做事都是按照天子的命令去做的，他们反对我不就是反对天子吗？”沐葱葱说：“对啊，别的不说，只要反对天子就是乱臣贼子，乱臣贼子人人得而诛之。”曹操说:“我给你们提供经费,你们替我去侦查江东孙权那里的人文情况。”沐葱葱与沐孜孜一起回答道:“没有问题,我们这次下山,师父就是要我们来协助曹大哥的。”

韩嵩回到荆州后对刘表说:“曹丞相的确已经做好了军事部署,估计很快会来进攻荆州,他让于禁与毛玠在许都训练水军,我亲眼看到他的水军极为雄壮,指挥得宜,法度严谨,不比我们荆州的水军差。”蔡瑁在旁急得直搓手,他本来就对曹操极为害怕,现在听韩嵩这么一说,更是不敢与曹操为敌。

刘表相对来说不怎么看得上曹操,毕竟自己是皇亲国戚,而曹操只是宦官之后,从出身上就差了一大截,现在曹操只不过碰运气战胜了袁绍,就敢挟持天子,自以为是,刘表还真没把曹操放在眼里。他看韩嵩说起曹操来如此推崇,心里就有火,他说:“德高(韩嵩字德高),你把曹操说得太过厉害了吧,他毕竟是北方人,骑马打仗或许行,但乘船水战他也胜过我们?”韩嵩说:“主公,不是我长他人志气,灭自己威风,曹丞相他善于用人啊,他手下已召集了许多厉害人物,有些事就算他本人不会,只要把会的人招来,问题不就解决了?”

蔡瑁也说:“姐夫,曹丞相不是一般人,他的能力超乎我们的想象,就连袁绍这么厉害的角色都被他灭了,更何况其他诸侯?北方的军队骁勇善战,他们有长年的作战经验,不像我们荆州的兵马,很多年都没有打仗了,实战水平有待考验。”刘表说:“行吧,虽然你们把曹操说得跟天神似的，但我仍然不愿轻易投降他，我还是去找刘备再商量一下对策。”

鲁肃回到东吴后，第一时间就来见了孙权和周瑜，鲁肃对他们说：“主公，都督，你们可以放心了，曹操没有想象的那么可怕。”周瑜赶紧问：“子敬（鲁肃字子敬）你这次去许都探听到了些什么？”鲁肃说：“曹操的北方军马根本就不会水战，他搞了两个外行来当水军都督，他们所操练的水军纯粹是花架子，一点实战的可能性都没有。”

孙权问道：“子敬，你探听到曹操军队水战的真实能力了？”鲁肃道：“主公，曹操的北方军士为了尽量在船上不摇晃，有意将船造得很大很平坦，但他们不知道南方的河湖庞杂，有些地方水流湍急，有些地方水道狭小，有些地方无风三尺浪，像他们那种在人工湖泊里训练出来的水军，到了南方根本没丝毫用处。”周瑜对孙权说：“主公，听子敬这么一说，曹操自身所率领的大军对我们形不成威胁，但我所顾虑的是曹操会首先拿下荆州，而荆州是有水军的，水军都督蔡瑁也算是熟悉水战，这对我们可能有所不利。”

孙权说：“听说刘备目前就在荆州，刘备是力主抗曹的，但愿刘表能与刘备一起抵抗曹军的进攻，在必要的时候，我们也可以派兵去协助他们。”鲁肃说：“我这次在许都见到曹操手下有许多奇人异士，他在招揽天下人才方面做了不少工作。”孙权说：“这事我也早有耳闻，曹操有天子在手，他可以拿朝廷正统来号召天下，这比我们所有人都强，我招人是地方政府招人，而他招人就是中央政府招人，级别都不一样。”

周瑜说：“在乎表面文章的人才重视这些区别，但实质上大家都知道现在很多地方都在各自为政，就连刘备这样居无定所的人都敢反抗曹操，曹操认为反对他就是反对中央政府，而大家不肯归顺曹操是因为不承认他能代表天子。”鲁肃说：“很明显曹操的野心极大，他一定会来进攻荆州与江东，我们要赶紧做好准备，我建议派人去联合刘表与刘备，毕竟大家是同一条阵线，必须团结一致才能抗敌。”

曹操这里也得到大量情报，说刘备去投靠刘表后遭到其手下大将蔡瑁的抵制，因此刘表不得不让刘备去守新野，但即使这样，刘备在一次筵席中还是差点被蔡瑁设计杀害。蔡瑁之所以一定要杀刘备，其中一个重要原因是刘表病重快要不行了，他有两个儿子，大儿子刘琦与刘备交好，刘备也明确支持大儿子作为刘表的继承人，而小儿子刘琮是蔡夫人所生，也就是蔡瑁的侄儿，蔡夫人与蔡瑁当然支持小儿子当继承人。本来大儿子刘琦无所依靠，他们让小儿子刘琮获取继承人的位子不费吹灰之力，但自从刘备来后，刘琦找到了自己的同盟军，形势开始发生变化，蔡夫人与蔡瑁才不断有所行动，要置刘备于死地。

经过对荆州各方面势力的研判后，曹操对夺取荆州充满了信心，他首先派遣曹仁与夏侯惇率军进驻樊城。樊城是进逼荆州的前线阵地，曹操是想让他们先在樊城做些准备工作，为将来进一步攻击荆州打好基础。但当曹仁与夏侯惇来到樊城后，他们觉得刘表与刘备简直不堪一击，首先是刘表家庭内部为了继承人的事情纷争不断，根本无心做军事准备，而刘备虽然积极准备抵抗，但他的军力实在太弱，就那么一点兵马如何是曹军的对手？

所以夏侯惇多次对曹仁说，“干脆我们打报告给丞相，不用他亲自率大军前来了，就我们这些兵马足够拿下荆州，活捉刘备。”曹仁认为夏侯惇说得对，于是他打报告给曹操，要求率军袭击荆州。

曹操迅速召集群臣商议此事，他说：“夏侯惇与曹仁要求直接去袭击刘表，说根本不需要我们大军出动，就凭他们的先锋部队就能夺取荆州，活捉刘备，大家认为如何？”

程昱说：“主公不可小看了刘表与刘备，尤其是刘备，他虽然人数少，但却深孚民望，具有很大的号召力，他与我们作对的威力只怕会超过刘表。”

贾诩说：“要想平定整个南方，光靠我们自己训练的水军是不够的，最好的方法是劝降刘表，从而获取他们的水军力量为我所用。”

荀攸说：“曹仁与夏侯惇虽然打仗勇猛，但还是有些莽撞，如果刘表与刘备军中没有谋士，我们取胜的概率就大，一旦对方有谋士，我们取胜的概率就小了。”

曹操说：“大家的分析都很有道理，但目前刘表家中矛盾激化，自顾不暇，而刘备暂时军力不足，也没听说他有什么谋士辅佐，是否应乘这难得的好机会赶紧灭了刘表与刘备？否则只怕假以时日，他们会逐步坐大。”

刘晔说：“我们得到的情报表明，东吴最近在加紧训练兵马，似乎是打算与朝廷对抗，而荆州的蔡瑁却有意归顺，我们如果能抓住这个机会，赶紧拿下荆州，那么水军的问题也就解决了。”

曹操经过仔细推敲后，觉得让曹仁与夏侯惇先去试探一下荆州的防备状况也不错，毕竟在正式向荆州进军前，是需要有个火力侦察的步骤。曹仁得到曹操的批准后，立即与夏侯惇商量，曹仁说：“目前刘备率军驻扎在新野，据探马说，他在招兵买马，积极备战。我们先去灭了刘备，一方面是挫伤刘表军的锐气，另一方面替丞相拔掉一枚眼中钉。”

夏侯惇说：“刘备与关羽都得到过丞相的厚恩，他们不思报效，反而与丞相对抗，实在是没有良心，我同意先去灭了刘备。”曹仁说：“刘备手下文臣不足而武将有余，原来的关羽、张飞就已经十分难缠，现在据说又多了一个赵云，更加是不可小看。”夏侯惇说：“关羽有什么了不起，我当初就不服他，若非丞相对他加意呵护，我早就与他比武论输赢了。”曹仁笑道:“元让(夏侯惇字元让),牛皮就别吹了,是不是敌得过关羽,我们正好去试试看。”夏侯惇说:“子孝(曹仁字子孝),你太高看关羽了,我就带吕旷、吕翔两位将军去袭击新野足够了。”

谁都没有料到,此时的刘备已经与往日不同了,这次他来荆州投靠刘表,其他好处没捞到,但却意外跨入了人生重大的转折关口。以前的刘备一直重视义气,他身边的重要人物先有关羽和张飞,后来又收了赵云,这三个人的强项都是武功盖世,但弱项都是不善谋略。

最初刘备并不看重谋略,他认为只需有仁义名声就能打天下,但一次又一次的失败让他不得不考虑这究竟是为什么。直到在误走水镜庄遇到水镜先生后才明白,他的弱项是缺乏谋士,身边没有一个能规划战争的人。他原先也没搞明白,这战争还需要规划?难道不是狭路相逢勇者胜吗?但水镜先生说:“想当年高祖皇帝开创大汉王朝后曾说,‘运筹帷幄决胜千里他不如张良,筹措粮草安定后方他不如萧何,率百万之兵战必胜攻必取他不如韩信,此三人者皆人杰也,而我善用之。’可见要想打败对手,取得天下,光凭勇力是不够的,还需要有精密的谋划。”刘备听后恍然大悟,赶紧向水镜先生求教,哪里有厉害的谋士。水镜先生向他推荐了伏龙、凤雏两位大才,刘备牢记于心,从此念念不忘要去找伏龙、凤雏。

结果伏龙、凤雏没找到,他反而遇到了一位自称“单福”的人,单福也是位谋士，刘备此时一听“谋士”两字立即眼睛发亮，赶紧请单福做他的军师，这次夏侯惇带着吕旷、吕翔前来攻打新野，就看单福显示他的水平了。

有谋士与没谋士打起仗来的确不一样，如果没有谋士，刘备肯定是带着关羽、张飞、赵云等人一起率军出迎，等与敌军面对面摆开阵势后，双方各派武将出马对战，赢的一方再挥军掩杀，与敌军作肉搏战。这种打法有个前提就是双方的军力要相当，如果某一方实力太弱，那根本没法打，这就是为什么以前刘备纵有关羽、张飞等猛将却仍然屡战屡败的原因。

这次有单福为他事先做了战斗策划，单福让关羽与张飞分别率军前去指定地点埋伏，等敌人来后先放过去。然后让赵云与刘备率军迎敌，等赵云和敌军交上手后，关羽与张飞再从背后包抄过来，三面夹攻敌军。而且单福说了，这只是针对夏侯惇的打法，其他人另有不同。刘备听着十分新鲜，感觉这是一种从未体验过的打仗方式，行不行的先试试效果。

但这次夏侯惇根本没把刘备放在眼里，据探马回报说他也就五千多兵马，谈不上有啥实力，于是夏侯惇只派了吕旷、吕翔率领一万五千兵马杀奔新野而来，按照他的设想，擒拿刘备不费吹灰之力。

刘备与赵云率军出迎时，见只是吕旷、吕翔二人，单福觉得他的布置有点小题大做了。曹军吕旷首先出马，刘备这边赵云接住厮杀，没有几个回合，赵云一枪刺吕旷于马下。刘备挥军掩杀，吕翔不战而逃，结果背后关羽率军杀出，将曹军一顿猛砍，杀得溃不成军，再往下又遇到张飞，张飞挺枪跃马直取吕翔，一枪刺吕翔于马下。一通厮杀后，曹军十个当中去掉八个，剩余的残兵败将逃回樊城。

曹仁与夏侯惇接到消息后大吃一惊，心想刘备怎么了？突然间像是换了一个人，这次打败吕旷、吕翔的进攻竟然如此轻松简单，曹仁立即就要点起大军亲自出马去报此仇，李典劝他说："刘备没有我们预料的那样不经打，我看还是慎重一点好，先将此事禀告给丞相，然后等待丞相的指令。"

曹仁说："曼成（李典字曼成）你太高看刘备了，他有多少兵马？吕旷、吕翔的水平太差，我们如果就这么不明不白地认输，岂不被大家看笑话？"李典道："打仗不能赌气，虽然刘备的军马不多，但他能如此轻松地打败吕旷、吕翔，可见也非泛泛之辈，我觉得还是再考虑考虑。"曹仁道："不行，我一定要挣回这个面子来，否则难以向丞相交差。"

刘备得胜之后，对单福的本领钦佩得五体投地，关羽、张飞等人对单福也大加推崇，单福笑道："此乃小仗而已，我料定曹仁、夏侯惇肯定不愿干休，必会出动樊城的大军前来报复，我们只需如此这般，不但能打败敌军，还能夺取他们的樊城。"刘备听后顿感这单福简直是神了，能在打仗前事先算好具体步骤，按照他指出的路子去走就能达到最终目的。在打仗前就让你看到全过程与战后的成果，这也太神奇了，以前刘备打仗都是雾里看花，走一步看一步，心里一点底都没有。这么说起来，有军师与没军师，仗的打法都是不一样的。

按照单福的设计，仍然是先由刘备和赵云出马对阵曹仁，这次曹仁欺负刘备不懂阵法，摆下了一座八门金锁阵，没想到单福一眼就看穿了这座阵法的奥妙。阵法这东西是用来骗骗外行的，一旦被内行识破，其实就没啥用处了。单福指点赵云从何处杀入，再从何处杀出，一下子就破了曹仁的阵法，曹军立即就显出了败势，但由于刘备的兵力实在太少，所以也没能把曹军怎么样，两下里暂时罢兵回营。

单福对刘备说："主公，我料曹仁今夜必来劫营，我们只需如此这般，大事可成。"刘备按照单福的计策去安排，到了半夜果然曹仁前来劫营，因为刘备早有埋伏，自然将曹军打得大败，曹军败下去后，半路上又遇到张飞的截杀，打得曹军兵无斗志，一下子散了大半。曹仁、夏侯惇、李典等将率领残兵逃回樊城，到了樊城城门下才发现，樊城早就被关羽给夺了，曹仁没办法，只得率兵逃回了许都。一路上他还不忘打听，刘备究竟是得到了什么人的帮助，竟然有了如此神奇的力量。

等曹仁等败回许都后，曹操对他们还是很客气的，毕竟曹仁、夏侯惇等人都是曹操的同族堂兄弟,关系非同一般,就算他们打了败仗,曹操也只能安慰他们说:“胜败乃兵家常事,但不知这刘备有了什么神遇,竟像换了个人似的,一下子厉害起来了?”曹仁将他沿途打听到的消息对曹操说:“听说刘备最近新招了一位军师名叫单福,有此人为他出谋划策,才导致我们的失败。”

曹操仔细询问了每一次战役的具体情况,他也有点蒙圈,心想这单福是个什么人?怎么能事先策划好一切?刘备听了他的话,只需按部就班照计划办就是,几场仗打下来,打得我们缚手缚脚,一点施展余地都没有。

曹操询问他身边的众谋士,你们谁听说过单福这个人?众人纷纷摇头,单福这个名字太冷僻了,谁都没听说过。曹操心想,这单福凭空出现,竟然还落在了刘备手里,我一直在广招天下英才,单福为何不来投靠我,而是去投靠刘备呢?难道说我所代表的天子和朝廷仍不能服众?那刘备有什么?他现在啥都没有,所以他只能空口白牙喊口号,说什么一切为天下百姓考虑,一切以百姓的利益为重,于是他的名声就迅速扩大了,这单福去投靠他说明刘备的这一套还是非常有效果的。

这时程昱站了出来,他说:“这单福的名字固然冷僻,但听曹仁将军的描述,不免让我想起了另一个人。”曹操赶紧问道:“仲德(程昱字仲德)想起了谁?”程昱道:“我想起了一个奇人,他号称‘铁笔黑侠’,

名字叫‘徐庶’，他年少时喜欢舞刀弄剑，专门结交江湖豪客，一次在与人交手时将对方打死。后逃亡在外，改名换姓成了道士，周游到荆州后认识了司马徽、石广元、崔州平等人，他们时常在一起交流对时局的看法，算是同道中人。”

曹操听程昱说起这个徐庶来头头是道，就问他：“仲德你能肯定这个单福就是徐庶吗？如果是的话，这样的人才怎么落到了刘备的手里？这实在太可惜了。”

程昱说：“丞相，我有九成的把握肯定此人就是徐庶，如果他真是徐庶的话，我倒是有办法把他招到我们这里来。”

曹操一听大喜，心想这徐庶都已经归附刘备了，怎么还能又招到我这里来？于是急忙问程昱：“仲德你快说，如何才能将徐庶招到我这里来？”

程昱道：“徐庶此人事母至孝，他虽然人在刘备那里，但我却知道他母亲住在哪里，我们只需将他母亲请来，让他母亲写信给他，徐庶必定会赶过来。”

曹操“哦”了一声，心想这也算是一个办法，虽然不光明磊落，但还可以一用。于是马上派人去接徐庶的母亲，接来后好生伺候，然后让她写信招徐庶前来。但没想到的是，徐庶的母亲不肯写信招回徐庶，曹操派人劝说也是无效，只得伪造一封家书，曹操手下最能模仿别人笔迹的大行家就是杨修，为了获得徐庶母亲的笔迹，曹操每天用写纸条的方式慰问徐母，对她的生活嘘寒问暖，徐母出于礼貌也写了几次纸条作为回应。

很快伪造的书信就送到了徐庶那里，曹操在许都坐等好消息，过不了多久，徐庶还真的来许都了。曹操大喜，赶紧出去接，他拉着徐庶的手不放，要多亲热有多亲热，他说："元直（徐庶字元直）啊，我总算把你给盼来了，像你这般优秀人才怎么会去投靠刘备呢？为什么不是首先来投靠我曹操？毕竟我代表着朝廷正统啊，天子还在我这里呢。"

徐庶说："曹丞相，既然我过来了，也就对你说几句心里话，就争夺天下而言，你能将天子掌握在自己手里，这是个高明的方法。但你有没有想过，为什么刘皇叔什么都没有，但他却能获得巨大的号召力，让天下人望风景从？"

曹操说："我也想知道这是为什么？"

徐庶说："可能从丞相您的角度看出去，会认为您所代表的是正义，而刘皇叔代表叛逆，但天下人不这么看，大家都喜欢从具体事例中判断某人的正义性。丞相您做事好恶参半，全凭自己的性子，做了好事并不着重宣扬，做了坏事也不加以掩饰，这固然说明您有豪迈豁达的一面,但对天下人的影响力却受到了制约。”

曹操说:“对,在很多方面我的确是我行我素,不考虑天下人的感受,但我做事风格是光明磊落的,不像某些人那样虚伪做作。”

徐庶说:“问题就在于此,您要做的是一件需要全天下人都认同的事情,但他们都不可能接近您,把您的方方面面完全看清楚,他们看的都是您对外的宣传,刘皇叔比丞相您更善于利用口碑,他把自己宣传成‘唯一能代表百姓利益的人’,而将您宣传成‘名为汉相,实为汉贼’,所以别看刘皇叔什么都没有,但他比您能获取人心。”

曹操听了徐庶的评论后深有感触,心想是否专门组建一个宣传部门,大肆宣扬我的正面形象,否则在这方面吃亏太多了。

曹操因收揽徐庶之功而重赏程昱,然后问他道:“仲德,既然徐庶已归了我们,刘备那里没能人了吧,我们现在是否可以去攻打他?”程昱回答道:“不可,现在正值入冬时节,粮草供应困难,不如再等一等,现在我们一方面加强训练水军,另一方面派探马侦查刘备的一举一动,做到知己知彼,等待时机成熟,我们就可以去攻打荆州了。”

曹操心想刘备现在没了徐庶,我看他还能怎么办,像徐庶这样的奇才,江湖上应该不多,不见得刘备还能找到一个同样的高人,程昱的建议是正确的,多派探马去了解刘备、刘表与孙权的动向是很有必要的。

过了一段日子，有探马来报，说刘备自从靠徐庶的谋略打了几次胜仗后，迷恋上了这种事先有计划的打仗方式，徐庶一走，刘备像失了灵魂一般，在到处寻找下一个谋士。曹操心想，高水平的谋士哪能轻易获得？像徐庶这样的人，我哪怕不用都愿意养着他，你若是再能找出一个类似的谋士来，我就服了你。

在这段难得的和平时期，许都朝廷内出现了两股引起巨大反响的思潮。一股是文武百官联名上书，称曹丞相为国为民辛苦了十几年，风里来雨里去四处征战，为汉家王朝建立了不世功勋，现在天下基本太平，曹丞相也该歇歇了，我们应该给他一个更高的职位，比如说“太师”。太师是皇帝的老师，是至尊无上的荣誉，这样曹丞相就可以交出兵权了，带兵打仗之事可以让那些年轻人去干，曹丞相只需坐镇中央，高高在上就行了。

这些建议从表面上来看是尊重曹操，让他感觉满朝文武都拥戴他，不希望他太劳累了。人一旦坐上高位，就没必要事事躬亲，要学会放权，要善于用人，要能抓大放小，让自己从纷繁的事务中解脱出来，腾出手来抓大方向，研究大格局。

这种思路被提出后，就连曹操身边一些人也受到影响，大家认为像曹操这样的人物再去亲临前线，在战火中冲杀似乎不妥，一方面他的年纪大了，毕竟体力有限；另一方面作为一朝丞相，每战都身先士卒，危险性太大。群臣都劝曹操是时候考虑自身安危了，不要再像年轻时那样拼命。

但曹操认为，他走到今天这一步，已经没有退路了，这么多年下来，为了能获取最高权力，他杀伐决断，六亲不认，得罪了朝廷中的很多人，此时他能够平安无事，完全是因为他牢牢地掌握着军权。有军权在手，其他事情都好商量，一旦军权交给其他人，哪怕是交给自己的儿子，他的后半生都会失去保障。那些要求曹操交出兵权的文武百官就没安好心，他们用武力无法迫使他交权，于是就改用这种"捧杀"的方法，用高帽子来麻痹他。

另一股思潮是源于以孙权为首的几位地方诸侯，他们一起上表劝曹操取天子而自代之。他们认为曹操的功勋已经前无古人，后无来者，完全配得上改朝换代，自立为帝了。他们说，自古以来，天下皆是有德者居之，无德者让之，汉朝天下气数已尽，而曹丞相功德巍巍，古今罕有，天命所归，可以称帝了。

这种思潮在曹操身边也引起了一些波动，因为在历朝历代，劝进都是一件众人愿意做的事，劝进成功了，自己就是开国元勋，从此荣华富贵，前途不可限量。如果别人劝进而自己没有跟上，就很有可能犯了立场性错误，所以一旦有人开始劝进，其他人往往都会赶紧跟上，生怕将自己遗漏了。

曹操心想，改朝换代自立为帝，这确实是我的终极梦想，但目前的时机成熟了吗？我若是现在就代汉登基，天下人都能拥护我吗？称帝这件事可不是件小事，一旦搞不好立即就前功尽弃加身败名裂，以往的案例太多了。

近期比如袁术，获得一颗传国玉玺就觉得自己是天命所归，在条件不成熟的情况下自立为帝，结果大家都看到了他身败名裂，死无葬身之地的结局。

我前些年在许田围猎时接受了一次百官朝贺，立即就在朝廷上下掀起了轩然大波，假如我还敢在不恰当的时间里称帝的话，说不定就成了董卓第二。想到这里，曹操拿定主意，就算将来有改朝换代的能力，自己也只做周文王，把称帝的机会留给儿子。

这几天曹操还收到了沐葱葱与沐孜孜从东吴发来的情报，曹操派她们去的主要目的是查访江东大乔小乔的近况，大乔小乔一直是曹操心中的追求。以前他能力还不够，只能空想想，现在能力增强了，就让沐葱葱与沐孜孜组建了一支红粉军团，目的是为自己搜寻天下美色，第一个目标就是大乔小乔。

据沐葱葱与沐孜孜送来的情报说，大乔与小乔在东吴过得很不如意，一直生活在压抑中。大乔当初嫁给孙策时，孙策正处在平定江东的关键时刻，他率领军队东征西讨，平时连家都不回，大乔跟孙策一年也见不了几次面，以至于两人的感情淡薄，结婚三年不到，孙策竟然死了，大乔从此就守寡在家。

江东的大权交到孙权手中后，东吴的人事班子就改朝换代了，孙策时代迅速换成了孙权时代，大乔从此就更加被边缘化了，她白白顶了个孙策妻子的名分，做人做事都不敢随意，跟被关起来的囚犯也差不多。

想当初孙策还在时，大乔好歹也算第一夫人，小叔孙权对她很是客气，孙权最宠爱的夫人是淮阴大族步家的千金步练师。当初步练师的叔叔步骘是孙策治下海盐县的一个小官，步练师刚入孙家时对大乔极为恭敬，每次见面都亲热地以姐姐相称。后来孙策死了，大权落到了孙权的手中，步练师成为了实际上的第一夫人，大乔反而闲居内室，步练师对她的态度就不如以前那样恭敬了。好在大乔能看得开，她也不与其他人争什么，只管自己幽居一隅，不问世事。

第二章

觊觎遭提防

争宠的最高境界是投其所好，你所给的正是他最想要的；其次是做好本分，树立你的正面形象；最差才轮到打压竞争对手，甚至采用黑暗的手段。

男女所需要的，都能从他的言谈中获知，他们梦寐以求的，才能经久不衰。至于逢场作戏那都是即时消费，过眼云烟而已。

巧实力的应用是基于对人性的判断，人最大的败因都在于贪婪与舍不得。若能保持每赚进一百元就欣然亏出二十元的心态，胜利成果才更容易保有。

而小乔虽然嫁给了东吴第一公子周瑜，但周瑜风流倜傥，到处留情，小乔也备受冷落。周瑜自从与孙策一起平定江东后，被任命为水师大都督，常年在外领兵，回家的机会不多。小乔听闻在周瑜的身边美女不少，她也知道夫君不是个安分守己的人，一两个女人肯定无法满足他，所以也不以为意，周瑜看到小乔的宽容大度，也算对她尚存一丝怜惜。

曹操的志向是搜遍天下美女为己所用，听闻二乔在东吴过得并不如意，更加激发起了他怜香惜玉的柔情，他发誓要挥兵南下，让孙权俯首称臣，将二乔收罗到自己帐下，从此享尽人间艳福。古人说："楚人无罪，怀璧其罪。"东吴若没有二乔，曹操说不定就先去打别人了，因为有二乔，曹操首先想到的就是攻打东吴。

曹操回到自己的府邸后，卞夫人迎了上来，曹操这段时间志得意满，每次回家的时间都很晚，但不管多晚，卞夫人总会等待着。等曹操换了衣服吃完饭，一切都安顿好后，卞夫人对他说："阿瞒（曹操小名阿瞒），如今你位极人臣，天下扬名，以前曾为你做过贡献的人是否也该给他们一些回报了？"曹操不解地问："给谁回报？"

卞夫人说："我听说你以前的丁夫人自从回到老家后生活并不如意，现在你都这么发达了，是不是该去看望她一下？"曹操感觉有点奇怪，心想这卞夫人倒真不是普通女人，丁夫人以前对她并不好，还总在背后排挤她，怎么她现在还能顾虑丁夫人生活艰难，让我去看望她？卞夫人道："丁家也算是个大家族，富贵不忘家乡嘛，我们不如去老家走走，顺便也看望一下丁夫人？"曹操说："既然你有此兴趣，我没意见，去老家走走也好。"

于是曹操带着卞夫人还有一群家人去老家谯县走走，重点是看望丁夫人。其实这件事是丁家不断努力的结果，丁家眼见曹操越做越大，现在已是一人之下，万人之上的当朝丞相，再看看自家的这位丁夫人，人人都为她感到可惜。

时间长了，丁夫人自己也对以前的所作所为大感后悔，放着曹操这么好的夫君竟然不要，现在想想真是愚蠢。她因为曾经是曹操的夫人，现在就算离婚了，但还有谁敢娶？震于曹操的威势，外人连话都不敢跟她多说，丁家也没这个胆量把她再嫁出去。

既然嫁不出去，那么还有没有可能回到曹家呢？虽说这件事情无比不靠谱，但丁家也很当回事在运作，毕竟一旦成功那可是一件天大的好事。他们看准了曹府卞夫人的善良和与世无争，不断通过各种渠道向她反映丁家目前的落魄，次数多了难免唤起卞夫人的同情之心，然后央求她说动曹操回老家转转，哪怕是来丁家停留一下，也是对丁家莫大的抚慰。这点小要求，卞夫人认为是可以做到的，于是这次她就说服曹操来到了丁家。

丁家事先做了充分的准备工作，老老少少都像是过节一样，曹操一行来谯县，丁老太爷、丁夫人，丁家各位叔伯兄弟全都在十里地外迎接。曹操的车队到后，卞夫人看到丁夫人等人在路边迎候，赶紧命令停车，然后下车将丁夫人接上车来，让她坐在曹操身边，丁夫人见卞夫人如此念旧，大为感动，拉着她的手久久不愿放开。

曹操一行在丁家住了几天，赦免了谯县三年的赋税，给丁家一些特殊待遇，比如丁家子孙愿意从政的将优先录用，丁家对此千恩万谢，但丁夫人重回曹家的事最终还是没有谈成，曹操只是为丁夫人安排了特别的照顾以确保她衣食无忧。

回到许都后，有一天曹操专门与天子闲谈，曹操对天子说：“陛下最近有否听说，很多朝臣建议我放弃兵权，改任太师一类的文职？”

天子说：“我听说了，丞相为国效劳许多年，现在年纪也不小了，精力毕竟不如年轻人，如果还要丞相如以前这般亲冒矢石去战场上犯险,似乎也太不近人情了。”

曹操说:“大汉自高祖斩蛇起义至今约四百年,期间虽多有风浪但总体平安,一直到陛下手中才出现群雄割据的局面,我若不为陛下南征北战,那些心怀二志的诸侯们会怎么做?以前发生过董卓乱政和袁术称帝,陛下你可有解决之道?”

天子说:“在诸侯当中,绝大多数还是好的,不法之徒只是很少的一部分。”

曹操说:“天下诸侯都是一样,当中央集权强大时,他们必定服从于中央;反之他们就各自为政,从探马报来的情况可知,就算是汉室宗亲如刘表、刘璋等人,在他们各自的封地上照样大逆不道,甚至有自立称帝之意。”

天子说:“像皇叔刘备那样,总还是为天下百姓着想的吧?”

曹操说:“刘备此人,虽然他自称皇叔,但查无实据,此人特别擅长宣传工作,他很能自我标榜,以此来号召天下。”

天子说:“如丞相所说,有些诸侯在封地内大逆不道,但如刘皇叔这般爱民如子的,丞相又觉得他很虚伪。”

曹操说:“当一个人还没真正掌握权力时，他很可能会伪装自己,一旦当他掌握权力后,他的变化会非常惊人。比如说董卓,他以前就是个西凉刺史,假如没有机会让他进京,他可能就老死在西凉了,我们也不会听说董卓这辈子能有啥作为。但只要给他机会,他就能成为朝廷非常重要的一号人物,在一定的时期内呼风唤雨,成为阶段性的主角。而董卓之后的李傕、郭汜更是运气使然,当年若不是贾诩帮忙,他们早就亡命天涯或被抓来杀头了,但阴差阳错导致他们一度还成了大司马和大将军。以他们两人的能力,在正常情况下有可能当上大司马与大将军这样的职务吗？”

天子说:“的确李傕、郭汜等人是纯粹碰运气,在某个特定的时间点上,正好让他们赶上了一个空当,李傕、郭汜运气虽好,但能力太差,就算给了他们机会,他们也把握不住,最终就像是小孩子意外获得了大批珍宝,不但保不住,还惹来杀身之祸。”

曹操说:“所以我的意思是请陛下你想清楚,不要总觉得其他人肯定比我强,或者其他人肯定比我对你更好,其实在这世界上,对你最好的人是我。我首先不打算篡汉自立,其次还屡屡亲征为大汉平定天下。”

天子听曹操如此说,急忙分辩道:“丞相不要多想,朕绝无不信任之意。”

第二天，在丞相府中，曹操接到探马来报，说刘备从南阳隆中山野之间寻访了一个名叫诸葛亮的年轻农夫回来，说他是天下名士，将他聘作军师，整日里与他形影不离，纵论天下大事，并且对外人说，有了这位军师就像鱼有了水，从此无忧了。曹操一听，觉得有点可笑，心想一般来说，名士大多出自名门，哪里听说过从山野乡村中可以寻到名士？更何况据说此人年纪非常轻，可能还不满三十岁，也就是个毛头小伙子，这刘备怕是想军师想疯了吧？随便抓一个来就能当军师？

曹操问身边的各位谋士，你们谁听说过诸葛亮这个人？大家都说从来没听说过，不知这诸葛亮是谁。曹操更加觉得有意思了，心想名士绝不会凭空从天上掉下来，从基本逻辑来说，起码是师从于某名门大派，我手下有那么多的各派元老，对天下各门派无不了解，如果大家谁都没听说过诸葛亮此人，那不用问了，他肯定没啥来头。刘备能相信他，一定是他能言善辩，但能吹的江湖术士多了，嘴巴厉害管啥用处？打仗可不是靠吹牛的。

还是有人提出来，说我们可以去问问徐庶，徐庶从南阳一带过来，或许对那里的风土人情比较熟悉。曹操觉得有道理，于是就叫来徐庶询问，徐庶一听立即哈哈大笑，他说："诸葛亮此人我是知道的，他是天上之龙凤，地上之神仙，他能出山辅佐刘备，刘备看来是要一步登天了。"曹操听了根本不信，心想你徐庶吹什么牛，但还是客气地问他："元直，这诸葛亮与你相比如何？"徐庶说："我哪里敢与他比，他如同是天上的明月，而我只是地上的萤火虫。”曹操一听大吃一惊，心想能差那么多？不可能吧？

这时曹操身边的夏侯惇不服气了，他站出来说：“丞相，你别听元直瞎说，他纯粹是长别人志气，灭咱们威风，我就不信一个三十岁不到，从山野里出来的小伙子还能翻了天？请丞相给我一支人马，我去将这诸葛亮连同刘备一起抓来。”

曹操心里也是一万个不信，但不去实际试试，光是凭空想象也没用，于是他同意了夏侯惇的请求，心想派一支兵马去试探一下，就知道刘备在玩什么玄虚。于是命令夏侯惇为主将，于禁、李典为副将，率军五万进攻新野，为接下去进攻荆州打开局面。

诸葛亮本来是山东人，后来跟随他的叔父来到了荆州，结果叔父死得早，他就在南阳隆中一带住下了。诸葛亮同当地的读书人接触较多，尤其得到水镜先生司马徽的赏识，为了进一步接近大汉的权力中心，诸葛亮娶了当地名士黄承彦的女儿黄月英为妻。黄承彦和荆州之主刘表是连襟，也就是他们都娶了当地豪族蔡讽的女儿，这么算起来，刘表就是黄月英的姨夫，蔡瑁是黄月英的舅舅，有这么一个汉室宗亲当姨夫，荆州的军权又都掌握在舅舅手里，这应该说是比较接近大汉权力中心了。

刘表这位汉室宗亲最大的爱好就是广交天下文人雅士，这些人在一起就喜欢高谈阔论，谈的都是朝廷以及各路诸侯的近况，所以诸葛亮虽然身在隆中，却对天下大事了如指掌。当他遇到刘备时，短短一番话就把刘备说得心服口服，让刘备感觉到诸葛亮这个年轻人不简单，他啥都知道，对各路诸侯分析得头头是道，于是心悦诚服地请他来自己这里当军师。

刘备对诸葛亮的痴迷态度一度还引起关羽和张飞的不满，关羽和张飞主要是看诸葛亮年纪太轻了，在江湖上还没啥名气，以前也没有任何辉煌经历，所以对他有点不太放心。

诸葛亮之所以会选择刘备，他也有自己的考量，如果他只是想当官，最为便捷的途径就是在妻子的姨夫或者舅舅这里当。但诸葛亮也看出来了，姨夫纯粹就是个能说不能干的家伙，除了高谈阔论，其他啥本事都没有；而舅舅则是个心胸狭窄的人，他嫉贤妒能，对内排除异己，对外一筹莫展，如果依附于他们，等于是自毁前途。

而除了刘表之外，天下各路诸侯谁更值得他去投靠呢？曹操目前已经财雄势大，身边能人济济，他用人喜欢用那些名门望族出身的、有背景有靠山的人，自己如果去曹操那里，估计根本排不上号，以自己的年纪与资历，只怕连说话的机会都没有。

而东吴的孙权，他用人喜欢用家族联姻的亲戚，想要在东吴有所作为，首先就要与孙家攀上亲戚，但目前的东吴，文有张昭张纮，武有周瑜鲁肃，他们全都年富力强，有能力有基础，自己去了还是排不上号。

除了这几位之外，其他诸侯有些连自保都困难，不久必被曹操所灭；有些只是小门小户，自家老婆孩子热炕头，对天下无所作为；还有些是根基浅薄、一无是处、要啥没啥。

想来想去也只有刘备勉强算是一个选项，因为第一刘备说起来也算是汉室宗亲，天子亲口承认的皇叔；第二刘备拥有很高的民望，他在天下人的心中还算是一块人气招牌；第三刘备有野心，他愿意干一番事业，自身多少还有点基础，比如有关羽、张飞、赵云、孙乾、糜竺、糜芳等基本人手；第四也是最为重要的一点是刘备目前缺乏谋士，而他又热切地期盼能拥有谋士，诸葛亮只要去刘备那里，稳稳当当就是第一谋士加灵魂人物，绝对是可以说了算的那种职位，这当然就很符合诸葛亮的需求了。

曹操在许都连日聚众商讨进军荆州之事，本以为刘备失去徐庶后必定一蹶不振，迟早会成为阶下之囚，没想到他又从哪里找来了一个诸葛亮，据说比徐庶还牛百倍。说起这件事，夏侯惇第一个不服气，上次不幸被徐庶打败，他一直没有顺过气来，现在又老是听曹操说诸葛亮如何的厉害，他刘备又不是开专业猎头公司的，哪来这么多奇能异士？这次看曹操又提到诸葛亮，很不服气，因此请求出战俘虏刘备和诸葛亮。曹操此时也觉得总是在这里猜测诸葛亮的能力也没啥意思,不如就派夏侯惇去实际试一试,真要是他们虚张声势,我们也就没必要如此担心了。因此曹操就同意了夏侯惇的请求,让于禁、李典一起率兵进攻新野。

刘备得知曹军又来进攻了,急忙找诸葛亮商议,诸葛亮说:“主公莫怕,新野周围的地形我已经全部勘察过了,等曹军到来,我自有对策。”刘备看诸葛亮不慌不忙,成竹在胸的样子,也就放心多了,但毕竟诸葛亮这是初次临敌,没有成功的先例,所以大家心中还多少有些担忧,尤其是关羽和张飞。以前单福的本领他们是见识过了,但这个诸葛亮毕竟太年轻,年轻到令人不敢相信他的能力。按照以往的迎战模式,现在大家就要开始准备起来了,但这次有诸葛亮在,一切显得非常平稳有序,一点都没有即将要打仗的模样,关羽和张飞心里也犯疑,难道这诸葛亮真有极大的把握?曹军的厉害他经历过吗?他有过上前线打仗的实践经历吗?

刘备虽然心里惴惴不安,但表面上还是对诸葛亮极为信任,赵云始终跟随刘备,也信任军师。直到探马来报,说曹军大队人马已接近新野外围,离博望坡还有两日路程,诸葛亮才与刘备一起派兵遣将,刘备暗中问诸葛亮:“为何不早做安排以安人心?”诸葛亮回答:“主公,我们目前的兵力太少了,而来犯之曹军人数众多,靠正面交战肯定不行,所以我们要出奇兵,而奇兵不能过早使用,怕被对方的探马侦察到。”刘备半懂不懂,只得应诺,于是诸葛亮开始排兵布阵,他安排关羽、张飞、赵云、刘备分率队伍,各有用处。

关羽、张飞负责埋伏，等候战斗的信号出现后，关羽冲出来截断敌军的归路，张飞冲出来烧毁敌军的粮草。赵云最为听话，他适合担任诱敌深入的角色。关羽、张飞听完诸葛亮的安排，心里仍然没底，他们想这就算完了？据说曹军有三万人马，而我们只有七千人，现在这七千人还得分散，每人只带了一千多人去和曹军打，这靠谱吗？但见诸葛亮气定神闲，甚至让孙乾等人去安排功劳簿与庆功宴席了，更加是觉得不可思议。刘备也觉得这种做法闻所未闻，仗还没打呢，已经知道我们胜利了？

夏侯惇和于禁、李典一起率军杀奔新野而来，他对刘备、诸葛亮一万个不服气，根本就没把他们放在眼里，亲率大部队冲在最前面，于禁跟在他身边，李典押运粮草在最后面。大军来到了博望坡，夏侯惇眼见前面是一座山林，正在犹豫是不是要挥军而入，忽然前方尘土大起，一支人马杀了出来，夏侯惇见对方是一员小将军，率领着几百个军容不整，一看就知道没经过正规训练的士卒前来迎敌。他本来心里尚存的一丝警戒也立即消失了，不禁哈哈大笑，对于禁说："文则（于禁字文则）你看，刘备手下就那么些孤魂野鬼似的乌合之众，怎么还敢与我们对战？"

于禁说："刘备与诸葛亮狡猾多智，我们不可大意，说不定他后面还有伏兵。"夏侯惇说："就这军容军纪，他有伏兵又能怎样？还不是来一个杀一个。"于是出马与赵云对战，打不了几个回合，赵云拨马便败，夏侯惇提缰就追，一路追到了山林当中，赵云又返身回来与夏侯惇交战，一边打一边跑，夏侯惇是一边打一边追，直追到了深山谷中。

这时于禁对夏侯惇说："将军且住，山谷凶险，怕对方有埋伏。"夏侯惇赶紧拉住马缰，看看前面的山谷，也有点犹豫。正在此时，忽听对面一声炮响，刘备率领一千多老弱残兵杀了出来，夏侯惇不看则已，一看又是忍不住狂笑，他指着刘备对于禁说："文则，这就是你所说的伏兵，就刘备这么点山村民兵，我还有啥可怕的？今晚天黑之前我就可以拿下他的新野。"于是又挥军直追，刘备与赵云合兵一处，与夏侯惇战不了几个回合，又是掉头逃跑，夏侯惇率军一路追了进去，于禁在后面紧紧跟着。

忽然身后一阵銮铃声响，有人大声叫道："前队留步，前队留步。"于禁听到后立即停了下来，他往后一看，只见从后面远远跑来一个人，看样子似乎是李典，于禁不知李典有啥事情，就停下来等他，不一会李典拍马赶了上来，他对于禁说："赶紧劝说夏侯将军不要追了，这里山深林密，道路狭窄，四周枯草林木繁多，一旦对方使用火攻，我们该怎么办？"于禁一听心中也是一惊，他赶紧打马前去追赶夏侯惇，一边跑一边叫："夏侯将军，别追了，这里地势过于险恶，快停步。"

夏侯惇率军在前面猛追，一下子没反应过来，直到听到于禁在后面的叫声，才猛然惊醒过来，他看了看四周的地形，觉得这地方很适合伏击，一旦对方使用火攻，自己只怕真的会有麻烦了。

夏侯惇虽然惊醒，但为时已晚，只听一声炮响，四周射出无数的火箭，顿时曹军身边的山林中燃起了熊熊烈火，两侧山崖上刘备的军队摇旗呐喊，箭如雨下，曹军一下子被打蒙了，只见关羽率军杀出，与赵云合兵一处，从两个方向朝曹军攻来，曹军顿时乱了阵脚，后面的往前，前面的往后，自相践踏，在火光中抱头鼠窜。这时张飞率军在后面截了曹军的粮草，一把火将它们全都烧了，夏侯惇、于禁、李典约束士兵不住，被关羽、赵云、张飞打得溃不成军，只得率败军突出火海，强行冲了出去。

刘备军也不追赶，大获全胜而回，缴获战利品无数，张飞在归途中遇到关羽，两人都忍不住伸出大拇指夸赞军师诸葛亮。张飞说："真没想到啊，这一仗完全按照军师事先设计好的路线在走，军师真的能够在打仗之前就预先料准一切，了不起！"关羽也说："这种打仗模式真是好，我们只需按照不同信号做不同事情即可，事先大家心里都有数，谁做什么都事先安排好，就跟演戏一样，仗就能打赢，看来我们是有福了。"

回到新野城中，只见诸葛亮眉开眼笑，正与糜竺、糜芳一起安排庆功晚宴呢。席间刘备对诸葛亮说："军师你真是太厉害了，有你的事先安排，我们打起仗来就顺利多了。别看我们人少，曹军遇到我们却缚手缚脚的，根本施展不开，最终被我们打得落花流水。"关羽、张飞、赵云等人也都纷纷来向诸葛亮敬酒，说多亏军师安排得宜，才使得我们打了扬眉吐气的一仗。

席间诸葛亮问大家：“各位同仁，你们认为接下去曹操会怎么做？刘备回答：“夏侯惇经此大败，曹操应该有所收敛了吧？我看短期内他不敢再来进攻新野了。”张飞也说：“大哥说得对，先是曹仁被打败了，后是夏侯惇被打败了，曹操手下最重要的两大名将都受了挫折，我看曹军暂时是不会再来了。”关羽说：“曹操为人狡猾奸诈，曹仁与夏侯惇之败可能只算是他的火力侦察而已，一旦掌握了我们的真实力量，他或许还会继续打来的。”

诸葛亮说：“曹操南征之心从未死过，他不断派人前来试探也是为了得到第一手的情报资料，我们就算有对策，但毕竟力量太过薄弱，曹操一旦率百万大军前来，我们仍然是打他不过的。我的判断是曹操很快就会再来攻打新野，而这次来，一定是声势浩大，不灭荆州誓不还了。”

刘备问道：“既然这样，我们该怎么办？”诸葛亮说：“如果是曹操亲率百万大军前来，那么我们新野肯定是守不住的，现在唯一的办法就是夺取荆州，这样才有可能与曹操抗衡。”刘备说：“但荆州是我兄长，同为汉室宗亲的刘表的封地，他这次能够接待我，我已经很感激了，怎么可以去夺取他的地盘呢？”

诸葛亮说:“刘表眼看就快要不行了,他的两个儿子都不成器,只要刘表一死,荆州立即就群龙无首,值此曹操虎视荆州之际,若主公不去保全荆州,那荆州就被曹操夺了。”张飞站起来说:“大哥,军师说得对,这荆州难道天生就该是刘表的?他最近身体越来越差,眼见得完蛋,你若不取,只怕蔡瑁等人就投降曹操了。”

关羽也说:“大哥,我们现在是依附于刘表,一旦刘表死后,他的儿子将荆州给卖了,我们怎么办?岂不是无所归依了?倒真不如趁曹操还没来时,抢先占领荆州,以免将来没地方逃。”刘备说:“大家说的都有道理,从现实情况来看的确是这样,但我们从一无所有走到今天,靠的是仁义名声,如果现在贸然抢夺同宗基业,只怕会落下一个污名,一旦名誉受损,以后谁还相信我们?”

诸葛亮说:“主公,成大事者不拘小节,曹操眼见就要打过来了,我们再不抓紧时间夺取荆州,接下去可真就无处立足了。”刘备说:“就算我们夺取了荆州,但荆州的水军都掌握在蔡瑁的手中,他们肯定不会听我们的,曹操打过来,我们的军力依然不够啊。”诸葛亮说:“曹操打过来,我们要做的另一件事情就是赶紧去联络江东的孙权,只有跟孙权结盟,才有可能抗衡曹操。”

关羽问道:“江东因黄祖射杀孙坚的原因,一直跟刘表有仇,我们目前并不拥有荆州,没有像样的实力,去和孙权谈合作,对方会理我们吗?”刘备也说:“是啊,孙权好歹拥有整个江东,实力远胜于我们,我们啥都没有,人家凭什么与我们合作?"

诸葛亮说:"孙权与我们一样,单独都打不过曹操,一旦被曹操所灭,对大家来说都是损失,孙权目前肯定愿意抓住一切反曹力量与他联合。我们实力虽弱,但好歹是一个能牵制曹军的因素,孙权应该会与我们合作,关键时候他也好多一个帮手。"刘备说:"军师说得对,联合孙权是当务之急,我们可以先派人去探探孙权的口风,至于夺取荆州之事,我一时还下不了决心,大家再等一等,看看情况再说。"

夏侯惇率领残兵败将逃回许都后,自缚来见曹操,他对曹操说:"末将无能,竟然败给了刘备与诸葛亮,累及三军,请丞相降罪。"话虽如此,但曹操怎么会降罪曹家或者夏侯家的人呢,无论他们怎么犯错,毕竟是自己人,所以曹操说:"元让,快起来吧,胜败不重要,重要的是你探知了刘备的真正实力,快说说看,这诸葛亮究竟是怎样的一个人?"

旁人为夏侯惇解开了绑绳,他站起来对曹操说:"主公,这诸葛亮我连面都没见着,但一路上听说他年少多谋,平时喜爱羽扇纶巾,一副读书人的模样。"程昱对曹操说:"主公,看来刘备的确是获得大谋士相助了,我们得赶紧南征,再拖下去只怕这些人都将成长起来,到那时再取荆州就困难了。"曹操说:"仲德说得对,我们不能再拖了,虽然水军的训练一直是个问题,但总这么拖下去肯定是不行的。"

曹操让手下人去把水军都督于禁和毛玠叫来，于禁向曹操汇报说："主公，水军操练工作进展得很顺利，一些最基本的动作规范大家都已经熟练掌握了，但这些士兵们都是北方人，跳进水里去游泳很多人还都不会，而且江面若起风浪导致船只摇晃，不少士兵就有点头晕想吐，这对战斗力的影响很大。"毛玠也说："丞相，这船只只有造得大，才能经得住风浪，船如果太小，在水面上摇晃会厉害，但船大驾驶就不方便，打起仗来不容易调头，我最近也正在加紧研究改造。"

曹操心想，我们北方的士兵天生不习水战，这是个致命伤，我也知道光靠于禁和毛玠两人，再怎么训练也达不到荆州水军的本领，我之所以迟迟没能出兵，问题也就是怕自己的水军到时候派不上作用。但现在看来，等多久都没用，迟早得有这一天，与其迟则生变，还不如早点出发，或许能抓住一个先机。

于是曹操下定决心，准备要南征荆州了。第二天一早，他在早朝中对天子和文武百官说了此事，天子对曹操的建议一向没有不同意见，曹操说要去打荆州，那就去吧。文武百官中，绝大多数人都是曹操一党，大家也都坚决拥护他，只有孔融站出来反对，孔融说："荆州的刘表，一向规规矩矩，他并没有任何造反的迹象，我们为什么要去打他？"

曹操说："刘表与刘备向来对朝廷的旨意不加理睬，而且还有公然与朝廷作对的行为，据说刘表在荆州还私自缝制龙袍，大有篡逆之心。”孔融说:“这些都是子虚乌有的事情,我们不能靠这些经不住推敲的消息就去攻打一个汉室宗亲。”朝堂上众臣都面面相觑,心想这么多年下来,还有谁敢如此顶撞曹丞相？曹操说什么连天子都不敢反对,孔融这是吃了豹子胆？敢公然反驳曹操的建议。

曹操也很恼火,孔融这是要造反啊？他铁青了脸对众人说:“攻打荆州的事,我意已决,大家不必多议。”但孔融竟仍然不买账,他还坚持说:“刘表无罪,我们不能发无名之师,如果去打刘表,必定会遭遇失败的。”曹操大怒,厉声喝道:“你怎敢动摇我的军心？怎敢诅咒我会失败？”说完一挥手,让宫廷卫士将孔融拉出去,送回他的府中软禁起来。

曹操对其他一些反对他的人都是毫不留情,说杀就杀,甚至株连三族,为何对孔融还网开一面?那是因为孔融毕竟来头不一般,他是孔子的后代,孔子是天下读书人的祖师爷,是儒家学说的创始人。当时的整个官场,绝大多数的官员都属于儒家弟子,孔融在他们当中就是一面旗帜,是读书人的精神领袖,所以曹操对他也是忍让三分,轻易不敢得罪。

但这次孔融竟敢在朝堂上当众反驳曹操的建议，反对南征攻打荆州,这似乎就是在与曹操公然为敌了。是可忍孰不可忍,一旦开启了这种不好的范例,以后如果有其他人跟随,大家对曹操的建议都持反对态度，那就控制不住局势了，所以对孔融这种危险的苗头必须要及时掐灭，不能任其自由生长。

御史大夫郗虑与孔融之间有嫌隙，他看出了曹操对孔融的不满，想要整治孔融又拿不出有力的依据来，于是他积极搜集有关孔融的各种资料，力图将孔融往祢衡、董承、吉平等那些已被定性为反叛的人身上推。由于孔融交游广阔，平时最喜欢与人交朋友，想要找他的把柄非常容易，郗虑很快就找到了一些举报孔融在私下里议论曹操种种倒行逆施行为的资料。他把这些资料都整理出来交给曹操，曹操一看就火大了，心想原来孔融还敢在背后如此诋毁我，看来必须杀了他，为这次南征祭旗。

在是否要杀孔融的问题上，曹操身边的谋士们有不同的声音，比较突出的是荀彧，毕竟他是曹操身边最重要的大谋士，对曹操的影响力极大，而且荀彧也是儒家的代表人物。他认为孔融是绝对不能杀的，一旦杀了孔融，会立即引起天下读书人的集体不满，也就是会大失人心。“刘备之所以还能勉强与我们抗衡，就是因为他在不断地争取人心，而我们要想夺取整个天下，千万不可大失人心，俗话说：‘得人心者得天下。’”

曹操却认为，读书人有他的两面性，既要用又要防，如果太过于娇纵了他们，他们就会对中央集权产生影响，会左右朝廷的意志并威胁到自己的执政。比如像孔融这样的人，他自恃是儒家的代表人物，在读书人当中有相当广泛的影响力，就敢公然与权威对抗，在朝廷上挑起对自己的质疑之声，这种破坏力是很大的，若不及时刹住它，后果不堪设想。

荀彧眼见自己无法劝说曹操放弃杀孔融的念头，只得请求曹操给自己一个机会去劝说孔融让步，曹操也是看在荀彧多年来为自己出谋划策的分上，同意他去做最后的努力。荀彧来到孔融的府中，见孔融跟没事人一样，只顾自己喝酒读书。荀彧对他说："文举（孔融字文举）兄，你好自在啊，人家的刀都要架在你的脖子上了，你还坦然喝酒读书。"

孔融道："文若（荀彧字文若），当前的情况你是一目了然的，曹操控制了整个朝廷，天子完全没有自主权，再这么走下去，很快大汉的江山就要改姓了，你我都在这辆快速行驶的车上，半途跳下来是个死，不跳下来最终也将落得个身败名裂，你说我该怎么办？"

孔融说的这些事，荀彧不是不知道，他平时也常在想，自己应该怎么办？他和孔融一样出身于书香门第，从小接受忠君爱国的教育，儒家讲究"忠孝节义"，自己一生洁身自好，爱惜名誉如同生命，怎么可能跟随曹操一起走向篡汉之路呢？

荀彧对孔融说："文举兄，你说得对，汉室是走向复兴还是衰败，仅凭我们一己之力难以扭转，但我们也不能因此而助纣为虐，就算我们不能对大汉的复兴有所帮助，但我们也要以自己的行动来捍卫大汉的尊严。”孔融说：“文若，你还年轻，还能为国家做很多事情，而我肩负着儒家传承的重任，不能因我一人的失误而导致天下读书人的沦陷，我可以死，但你不能死，天子需要你的辅佐，若是没有你，天子就更加孤立了。”

荀彧说：“曹操起兵之初，他所打出的旗号是扶助汉室，奉天子以令不臣，现在他自己慢慢变成了不臣之人，我当初帮助他所做的一切，如今看来全都白费了。”孔融说：“文若你也不要自责，你所做的一切不能说是白费了，毕竟你帮助曹操平定了北方，让饱受战乱的百姓们享受到了安宁带来的好处，有时候我也常在想，若使天下百姓享受安宁而更换皇帝，这究竟是该还是不该呢？”

荀彧说：“使天下百姓享受安宁固然是实用主义的最佳结果，但忠君爱国却是理想主义的追求目标，很多人为了理想而放弃生命，而也有不少人为了生命丧失了理想，这两种人相比，谁更加值得敬佩呢？”最终荀彧与孔融达成了一致，如果孔融被曹操所杀，荀彧会拒绝再为曹操出力。

荀彧回到丞相府中，对曹操说了孔融不肯妥协的现状，但还是劝曹操放过孔融，荀彧说：“丞相，我们这次南征，目的是收揽诸侯的心，如果在出征前杀了孔融，只怕天下人心尽失，对我们的出征不利。”曹操说：“文若，你怎么也说这样的话，打仗打的是士气，我军士气正旺，荆州的刘表徒有虚名，而刘备更是泥菩萨过河自身难保，打他们几个还用得着看天下人心的向背？”

荀彧说：“打仗无小事，越是当你看轻这件事情时，事情就越有可能发生转变。官渡之战前，袁绍也认为打我们是随便打打的，都不用认真准备，但事实却是他失败了。我们当时在各方面都不如袁绍，但我们战战兢兢地做足了准备工作，认认真真地应付这件事情，最后就真的战胜了袁绍。你怎能预料，同样的事情不会发生在荆州或者东吴的身上呢？”

曹操说：“荆州的刘表一直就不是个能打仗的人，而且他现在就快要不行了，他的两个儿子更是上不了台面。刘备虽然顽强，但毕竟实力太弱小，弱小到可以忽略不计的程度，和他们作战还需要有啥顾虑？”荀彧说：“丞相可别忘了曹仁与夏侯惇之败，他们的失败都是败在轻敌上。”

曹操说：“是的，曹仁与夏侯惇都过于轻敌了，其实他们只需认认真真地去打这一仗，刘备纵有三头六臂也是赢不了的。”荀彧说：“丞相，你是太低估天下人心对战争所起的决定性作用了，很多时候，人心向背能决定一场战争的胜败。”

曹操最终还是下决心要杀了孔融，杀孔融的一个目的是要震慑那些读书人，因为曹操的心中此时已有将来取代汉室的想法，迟早会与那些迂腐的读书人形成正面冲突，不如乘着这个机会，将他们的代表人物杀了，达到杀一儆百的目的，看以后谁还敢顶撞自己。

曹操派满宠率人去抓捕孔融的全家，早有人将消息通报给了孔融的家人，孔融家里无人感到惊慌，就连孔融的两个孩子都镇静自若，别人劝他们快跑或者躲起来，他们坦然地回答："覆巢之下，安有完卵？"于是孔融全家老小就这样被抓去，曹操下令将他们全部诛杀。

孔融被杀后，朝中再也无人敢违抗曹操的命令，于是曹操就顺利组织了一支三十万的大军，号称一百万，由许褚为先锋，曹仁、曹洪率领前队，浩浩荡荡地开始了南征。消息传到了荆州，刘表怒急攻心，顿时病情加重，卧床不起，蔡夫人与蔡瑁等人严密封锁了消息，不让刘表的长子刘琦前来探病，他们对刘备也封锁消息，只让刘备在新野留守。

过不了几天，看到刘表的病越来越重，蔡夫人暗中与蔡瑁商量，她说："德珪（蔡瑁字德珪），如果你姐夫死了，虽然我们都愿意让小儿子刘琮接位，但刘琮年纪实在太小，刘表的很多属下都不支持他，支持大儿子刘琦的人却很多，怎么办？"

蔡瑁说："姐姐你不用担心，现在军权掌握在我们手上，到时候姐夫一死，我们就宣布让刘琮接位，我看谁敢反对？"

蔡夫人道:“我最担心的还是刘备，荆州的这些官员们手中没有兵权,他们造不了反,只有刘备,他是支持刘琦的,手里还有军队,一旦他要是造反,只怕会酿成大祸。”

蔡瑁说:“我也这么想,虽然我们现在暂时是瞒着刘备,但他迟早会知道,一旦姐夫死了,只怕他会率军协助刘琦夺取荆州牧的位子。”

蔡夫人道:“我也这么认为,刘备一直对荆州虎视眈眈,你姐夫在时,他就不怀好意,你姐夫一旦走了,荆州还不被他给夺去了?”

蔡瑁说:“姐姐,依我看与其便宜了刘备,还不如我们干脆投降曹操呢,毕竟曹操的势力更大,而刘备根本就不是曹操的对手。”

蔡夫人道:“刘备与曹操相比,肯定是曹操更厉害,问题是曹操能收容我们吗?”

蔡瑁说:“当然能,上次姐夫派韩嵩去许都探听曹操的动静,据韩嵩回来说,曹操对他还真不错,临走时托他带话过来,说只要我们归顺朝廷,他一定会善待我们。”

蔡夫人道:“军国大事我不懂,究竟接下去该怎么办,完全靠你出谋划策,现在的问题是,你姐夫究竟什么时候死?”

蔡瑁说:“我看他也就这几天了,我们严密把守住秘密,等他一死,马上先让刘琮接位,然后宣布归顺曹操。”

蔡夫人道:“好吧,归顺的事就由你去办,我今晚就安排让你姐夫见阎王去。”

蔡瑁“啊”了一声,说:“你的意思是,今晚就将姐夫做掉?”

蔡夫人道:“他迟早会死,现在情况紧急,还是早一点死了的好,你去准备一下吧,让刘琮接位。”

蔡瑁说:“好,那我马上去办。”

当天晚上,刘表死了,直到第三天,消息还被严密地封锁着,大家根本就不知道,但刘琮已被悄悄地推上了荆州牧的位子,而蔡瑁派人去向曹操请降。曹操接到蔡瑁派人送来的降表后,知道刘表已死,荆州不战而降,他立即派曹仁、曹洪与许褚赶紧进攻新野,拦住刘备,不让他去荆州破坏好事。

第三章

子龙显身手

越是看似白捡的便宜，越内藏杀机，所以太容易获得的利益不能要，一旦要了日后必将付出更大的代价。

聪明人往往是心理分析大师，他善于探知每一位对手的心中所想，然后找出适合的对策。而糊涂人正好相反，他们只关注自己的需求，根本不管其他人怎么想。

不管别人在想什么，先把自己要说的话全部说完，这很痛快，但没有用。而认真听取别人的发言，了解对方的需求，这很痛苦，但却很有用。

受命于天

曹仁接到命令后，立即让许褚赶紧率军杀奔新野而去，一路上许褚连续遇到了几支刘备的军队，但都很容易就将他们打垮了。给许褚的感觉就是刘备的军队实在不经打。但许褚接受了前几次曹仁与夏侯惇的教训，一直非常注意不去上诸葛亮的当，不盲目进攻，不冒险追击，稳扎稳打，步步为营，一次次地击溃了刘备的军队。最后一直打到了新野城下，发现整个新野早已成了空城，所有人全都跑光了。

许褚不敢擅自进城，他向曹仁汇报，曹仁与曹洪赶来一看，果然新野的百姓全都跑光了，这时天色已晚，曹仁下令进入新野驻扎，暂时以此处为前进据点。

曹军进入新野城后，大家忙着安营扎寨、饱餐战饭，然后留出少数人值班，其他人就地安寝。睡到半夜，忽然有人惊叫：“着火了，着火了！”许褚一下子从床上惊醒，跑出寝帐一看，只见四面火起，周围的军士们乱成一团，这时曹仁、曹洪也被惊醒了，大家起来一看，整个新野城全被烧着了，他们被困在了火海当中。

曹仁大惊，赶紧组织突围，军士们在睡梦中纷纷被叫醒，大家一下子摸不着头脑，不知该往哪里跑。这时只听新野的四周响起了阵阵号炮声，顿时喊杀震天，曹军被吓得四散乱逃，黑暗中只见到处都有敌人的兵马杀过来。曹军自相践踏，死伤无数，曹仁、曹洪、许褚等人率军穿过火海，逃出了新野城。

来到城外，跑出不远，只见一条大河挡住了去路，好在河水不深，众人刚才被大火烧得不轻，此时见到了水，士兵们纷纷朝水中扑去，准备蹚水过河。正当大家渡河走到一半时，忽听上游有巨大的声音传来，众人不知是什么东西，正惊疑间，只见滔天洪水冲了下来，顿时将无数曹军士卒淹入了水中，曹军大半不会水，纷纷被水冲走了。

剩余没来得及过河的士兵只得继续往下游跑，跑着跑着总算找到了一座木桥，大家这才通过木桥跑向对岸。到了对岸，只听一声击鼓声，张飞率军杀了出来，此时的曹军全无斗志，大家谁都没心情交战，见到有伏军就四散奔逃，张飞率军掩杀，将曹军残兵杀死大半。

但毕竟刘备的军队人数太少，搞一个突然袭击可以，真要与曹军正面交战根本打不过，等到天色渐亮，曹仁等诸将收拾残兵，准备向刘备军反扑时，刘备等人早就跑了。曹仁只得向曹操汇报了此事，曹操一听大惊，心想这诸葛亮是有点本事嘛，竟然一而再、再而三地打败我的先锋部队。这次我就算倚多为胜，也要彻底灭了他，以免将来留作后患。于是下令自己的三十万大军一起向新野扑去，大军来到新野，刘备等人早就不在了，探马来报，说刘备带着十多万百姓一起去樊城了。曹操心想这刘备也真有点与众不同，自己逃跑怎么还带上百姓？十多万百姓，这有多累赘啊，带着百姓还能打仗？于是派许褚率领三千铁骑前去追赶，自己引大军前往荆州。

曹操来到荆州附近，有人来报，说荆州的蔡瑁、张允前来请降，曹操看了看他身边的众谋士，大家都会心一笑，曹操立即吩咐，让蔡瑁与张允进见。蔡瑁、张允进来后，曹操一看就不喜欢这两个人。只见蔡瑁、张允贼眉鼠眼，满脸献媚之色，看样子就不是好人。曹操非常不喜欢那种卖主求荣的人，像蔡瑁这样为了自己的荣华富贵，不惜出卖姐夫的基业，对这种无耻之徒，曹操本心是想立即杀了他，但此时还是忍住厌恶先询问他们：“荆州目前的钱粮与水军情况怎样啊？”

蔡瑁回答道：“荆州的钱粮大部分在江陵，水军目前是由我们两人掌管。”曹操又问：“江陵目前的守将是谁？荆州的水军目前有多少人数？”蔡瑁回答：“江陵的守将是刘表的大儿子刘琦，荆州水军的人数目前有十多万。”曹操一听，心里有点踏实了，立即对蔡瑁说：“很好，我封你为水师都督，负责训练全军的水师，另外你回去对刘琮说，我保留他永镇荆州的位子，让他赶紧归降吧。”蔡瑁、张允得到了曹操的封赏，非常高兴，就回荆州向刘琮汇报去了。

刘备在半道上得知刘表已死，刘琮继位，而蔡瑁已经归降了曹操的消息，大吃一惊，急忙问诸葛亮该怎么办。诸葛亮说，当今之计，只能先派关羽去江夏调集刘琦在那里的一万水师前来救援，然后我们携带百姓去荆州投奔刘琮，一旦到了那里，主公立即拿下刘琮等人，夺取城防以拒曹操。

刘备想想也只好如此了，于是就带着十多万百姓一起前往荆州，大批百姓扶老携幼，担粮牵牛，拥挤拖沓，过了好多天才来到了荆州城下。到后只见城门紧闭，不放任何人进去，刘备亲自到城下叫门，刘琮听说刘备亲至，不敢开门，也不敢答话，也不放百姓入城，刘备在城下好说歹说根本没用，因为刘琮怕刘备入城后会对他不利，结果刘备实在没办法，只得带着百姓去投江陵。

刘备与众百姓正走到半途，曹操的大军就追上来了，一时烟尘四起，大军驰骋而来，百姓们顿时炸了锅，拥挤的人群堵塞了所有的道路，曹操的大军根本无法前行。刘备眼见大势已去，带着他的几位亲信赶紧逃命，再也顾不得百姓了。曹操的战将们率领大军快马加鞭前来追赶刘备，曹操心想，这次说什么都要把刘备与诸葛亮抓住，不能再给他们任何活路了，否则像刘备这样的人，一有机会就要反叛，根本容他不得。

跑着跑着，只见前方的百姓越来越多，大批百姓乱成一团，曹军无法顺利前进，于是曹操只好带着亲信们登上附近的一座小山，居高临下观察整个战场地形，这一看不要紧，曹操竟然看到了一个惊人的场面：只见山下不远处大量曹军在百姓群中挺进，但却有一员小将，银盔银甲，手握长枪，在曹军阵中纵横穿插，如入无人之境。只见他横冲直撞犹如蛟龙入海一般，将阻挡他的曹军杀得纷纷落马。而最为奇怪的是，他一路杀出重围之后，又再次杀了进来，曹军阵中就跟海中巨浪一般，哗啦哗啦地一波波被掀翻。

曹操亲眼目睹许多曹军将领冲上去与他交战，但都打不到几个回合就被打败，甚至他还看见平时为他背剑的夏侯恩也冲上去了，结果没两下子被这位小将军刺死，夏侯恩背上背着的那把青釭剑也被夺了去。曹操“啊”的一声，一阵心痛，他平生最爱的两把宝剑：一把是倚天剑，一把是青釭剑。倚天剑自己佩戴，青釭剑让亲信夏侯恩替他背着，结果现在被对手夺去了。

只见这位小将军有了青釭剑后更是如虎添翼，在曹军阵中杀了七进七出，无论是谁都无法拦住他，其中包括徐晃、李典等名将也拦他不住，水平差一点的直接就被他刺死。曹操心中大惊，立即要派人前去询问此将军是谁。他向来有爱将之癖，见到好的人才就想收罗到自己麾下。

曹操身边的将军曹洪赶紧下山，见那位小将军又刺翻了好几位曹将，现正与大将张郃交战，两人打得难分难解，三十几个回合后，张郃瞅准一个空隙，挺枪直刺对方咽喉。突然小将军的坐骑一个趔趄，踏空掉进旁边的一个陷坑中，张郃大喜，赶紧上来补刀。没想到那小将军用枪一撑土坑，利用长枪的弹力连人带马一起又弹了起来，直把张郃都看怔住了，心想连这也行？真神人也！一下子没反应过来，小将军挥舞长枪又一次突出重围，此时曹洪从背后赶了上来，大声问道："前面的小将军请留个名字！"小将军回身答道："常山赵子龙是也。"曹洪一听，立即回去向曹操汇报，曹操"哦"了一声，赶紧下令，众军不许向赵子龙放冷箭，能捉活的最好，捉不住也就算了，千万不要伤了他。

曹军众将心想，这赵子龙英勇，本来就抓他不住，唯一能致其死命的就是万箭齐发，现在丞相不让放箭，那只能看着他来去自如了。曹军将领钟缙、钟绅兄弟不服气，两人一起冲上来与赵云交战，赵云根本没把他们看在眼里，轻描淡写几个回合就先后刺死了这两位不怕死的兄弟。

曹操真有点想不通，这么厉害的武将怎么会投靠了刘备，刘备可是啥都没有。所谓"皇叔""左将军"等名分还是自己给他谋来的虚衔，但他竟能仅靠虚名就广招天下英杰，真是想不到啊，早知如此，在许都时就该杀了他。但现在后悔也迟了，刘备身边不但有了关羽、张飞、赵云等武将，还有诸葛亮这样的军师，可谓是文武齐备。但话虽如此，毕竟他的兵力还不强，如果不乘这个机会干掉他，只怕以后是再也没有可能了。

这时有人来报，说赵云单枪匹马逃出去了，我方军士在追赶途中，遇到敌将张飞阻路，因见张飞身后树林中尘土飞扬似有埋伏，故不敢逼近，特来请示丞相。曹操听后亲自赶到前线，果然在长坂桥前看到了威风凛凛的张飞张翼德。曹操也纳闷，心想我这里有数万军士，数百大将，对面只是一个张飞，他单枪独骑还能打退我的大军？

想到这里，曹操刚要下令发起进攻，猛听见对面的张飞一声暴喝："谁敢来战？"身边突然"咕咚"一声，一个黑影砸了过来，曹操大惊，急忙拨马闪避，回神一看，原来是持戟侍卫夏侯杰被张飞的突然暴喝震下马来。曹操心想，这夏侯杰说起来还是我的贴身侍卫，怎么如此不济事？但这件事的发生，对曹操身边诸人产生了影响，大家蜂拥而上保护曹操。一些人涌上去后，另一些人不知发生了什么情况，也纷纷涌上，结果曹操被大家簇拥着向后退去，外围的军队看到曹操退去，也就跟着撤退，一时间引起了曹军的溃退。

张飞很意外地喝退了曹军，自己也觉得不可思议，心想曹军原来如此容易糊弄啊？只是身边的军士实在太少，加起来不够两百人，根本不可能追上去找曹军拼杀，现在既然曹军退却了，那自己也撤了吧。于是他招呼身边的随从，一路后撤，寻找大哥刘备去了。

曹军后撤了数箭之地，发现张飞并没有追赶上来，于是逐步停了下来，曹操问身边的许褚："刘备的军队没有追上来吧？"许褚答："没有。"曹操说："那我们有啥好怕的？"许褚答："属下也不知，只是以保护丞相的安全为第一要务。"曹操哈哈大笑："我等这么多的军队，竟然被张飞一个人给吓住了，真是好笑。"周围的将领们想想也是，怎么就被张飞给吓住了呢？大家都感到面目无光，于是簇拥着曹操回过身来继续追击刘备的军队。但是张飞以及刘备的军队早已逃得无影无踪，追不上了，曹操只得安营扎寨，与众谋士商量下一步的行动。

荀攸道："荆州的刘表死后，他原本所辖的九个郡群龙无首，蔡瑁正在协助我们招降各地，接收荆襄九郡的工作非常顺利。"

贾诩道："我料刘备以及刘琦的合并军力不会超过两万，我军前部已聚集了五万人马，后续还有二十多万大军，对付刘备军绰绰有余，只是怕对方人数太少了，混在百姓当中，一时说不定都找他们不到。"

曹操听了两位谋士的分析后，意味深长地扭头看了看身边的一位年轻人，此人身着黑衣，体态挺拔，他是原京兆尹司马防的儿子司马懿，司马防与自己相交多年，知根知底，这次将他的儿子带在身边也算是给他个锻炼的机会。在司马懿的身边，还站着一位仪表堂堂，风度翩翩的青年公子，此人名叫杨修。

在曹操身边，他最看好的两个年轻人，一个是司马懿，另一个就是杨修，杨修是前太尉杨彪的儿子，曹操觉得这两个年轻人有前途。司马懿内敛，杨修外露，其实他们俩都是绝顶聪明的人，内敛与外露哪一个更好，曹操一时也没看出来，于是曹操就轮番测试这两个青年，他倒要看看，最后谁将会更胜一筹。

只见司马懿谦恭地站在那里，一声不响地听着荀攸与贾诩的议论，而司马懿身边的杨修却是一副跃跃欲试的样子。看到曹操用余光看司马懿，杨修明显感觉有些不满。见司马懿并没有主动说些什么，杨修就抢着开口了，他说："荆襄九郡是连接南方各地的要冲，既然刘表已死，刘备已逃，这里归附丞相就是顺理成章的事情了。我们占据此地，夺过原刘表手里的水师指挥权，就能与江东的孙权在水战上不相上下，凭借着我们的强大军力，估计都不用打，仅靠外交威逼就能降服孙权。"曹操听后，脸上露出了一丝笑容，但他仍然是看着司马懿，等待他的发言。

司马懿看实在躲不过去，只好也说了几句，他说："目前的刘备尚不足惧，但江东孙权基础稳固，要想让他投降并不容易。"曹操说："那么你看我们该怎么办呢？"司马懿说："我建议是否可以先在荆州驻扎下来，不要急于进击，先把已经获得的成果稳定住，然后伺机再收拾东吴。"曹操说："此方法固然稳当，但打仗打的是士气，目前我军士气正盛，荆州投降后，东吴人心慌乱，这就给了我们极好的进攻机会，一旦错过了这个机会，以后假如形势发生对我们不利的变化，那就悔之不及了。”

杨修说：“我军此次出征，荆州兵不血刃就被拿下，可见天时有利于我们。欲成大事必看天时、地利与人和，天时既然在了，地利也不差，我们占据了荆州，已经形成了对东吴的压倒性优势，此时不出击更待何时？”荀攸说：“我们来的时候，就听说刘备获得了军事奇才诸葛亮，有他做军师，刘备只怕没那么容易败，我们得提防他在背后捣鬼。”贾诩也说：“刘备此人深得民心，他做的每一件事情，从表面上看都是为了老百姓，再加他善于宣传，那些不明真相的民众还很依赖他，古话说‘得民心者得天下’，虽不能一概而论，但我们也不得不防。”

杨修说：“‘得民心者得天下’说的是在双方实力差不多的情况下，某一方得民心或许会有助于他的战斗力。但就目前的情况来看，我们的实力与刘备天差地别，就刘备目前的这一万多兵马，他再怎么得民心估计也没戏。”司马懿此时又开口说话了，他说：“各种势力强弱的转变有时是在一瞬间，我们目前的确在各诸侯中是最强大的，但这也经不起失败，俗话说‘一着不慎，满盘皆输’，下围棋是这个道理，打仗也是这个道理。”曹操听众谋士的一番议论后，觉得大家说的都有道理，于是决定先落实收复荆州的各项事宜，同时让降将蔡瑁、张允负责操练水军，等一切安排妥当，再进一步试探江东孙权的虚实。

很快传来消息，荆州治中邓义、别驾刘先率部来投，原属于刘表的地盘纷纷落到了曹操的手中，曹操很高兴地接见了邓义和刘先，问他们关于治理荆州之事，邓义回答道："丞相威名远播，荆州军民仰慕已久，今日有幸得见君颜，实属我等福分。"曹操说："客气话就别说了，目前荆州地方民情如何？"刘先道："荆州乃水陆要地，四通八达，是连接南北的中枢，丞相今日占据此地，日后无论南征西进全都没有障碍。"

曹操问："江东孙权尚未臣服，有与王师对抗之意，你们觉得该如何对付呢？"邓义道："孙权在江东经营三代，根基稳固，他当然不愿失去对属地的控制。但天下大势浩浩荡荡，顺之者昌，逆之者亡，今丞相率大军至此，天下万民归附，孙权也不可能螳臂当车，逆潮流而动吧。"刘先也说："丞相代表朝廷，代表天子，孙权只是大汉的臣属，他万万不敢与丞相抗争，只需丞相挥师南下，孙权必定望风归降。"曹操哈哈大笑，重赏了邓义与刘先，让他们回去照旧管理地方政务。

过了一段时间，荀攸来对曹操说："主公，荆州各郡的接收工作大体完成，蔡瑁与张允已将荆州的水军全部整编过了，目前已并入了曹军序列，实际清点之后，加上我们从北方带来的，已有三十三万的水军部队，在人数上远超东吴，更何况我们还汇集了五十万的陆军部队，大军总数超过八十三万人。"

曹操听后非常满意，对荀攸说："想当初我们与袁绍交战时，我们只有约十五万人马，而袁绍却有超过五十万人马，没想到时过境迁，今天我们有了八十三万大军，这可是一个大的飞跃。据探马来报，东吴的水军只有十多万人，陆军约七万人，从实力上来看，我们远远超过他们了。"

荀攸说："是啊，在这种实力对比悬殊的情况下，我建议不要使用强攻的方法去和东吴硬拼，我们只需吓吓他们，打一场心理战，说不定就能摧垮他们的心理防线。"曹操觉得荀攸说的有理，于是立即召集贾诩、司马懿、杨修等人前来商议此事，很快各位谋士都纷纷到了，大家对下一步该如何收服东吴发表了自己的建议。

杨修首先发言，他说："东吴外强中干，他们偏安一隅多年，缺乏大战的经验，虽然孙权的父亲孙坚号称'江东猛虎'，孙权的哥哥孙策号称'小霸王'，但到了孙权的手里，一切都变了模样。孙权文不能提笔，武不能上阵，对内过分依赖张昭等老臣，对外过分依赖周瑜等外戚。张昭等人是江东大族，有他们自身的利益，江东地面是由孙家掌管还是换人，只要能保住他们的家族利益，他们都不会反对。那些文人们，平时坐而论道，口若悬河，一旦面临大战，个个抱头鼠窜，根本不值一提。周瑜等人，与孙家乃是亲戚，周瑜与孙策还是连襟。但自孙策死后，周瑜对孙策的弟弟孙权就不像对孙策那样臣服了，他总觉得孙权在军队里没有根基，也没军功，黄口孺子而已，不足以论国家大事。"

贾诩说:“孙家的内部家事的确如德祖(杨修字德祖)所言,自孙策死后,孙权在江东面对众多老臣,很难平衡各派的关系。外有周瑜,内有张昭,他们都是孙策手下的老臣,孙权为人懦弱,考虑到东吴各派的安定团结,估计不会下重手更新换代。我们这次大举来攻,东吴只需稍露败相就会土崩瓦解,孙权目前的压力非常大。投降则父兄留下的基业不保,抗拒则有可能玉石俱焚,因此我也建议首先采取攻心战术,瓦解他的斗志。”

司马懿说:“孙权采取的治政理念是家族式的安抚手法,但凡在东吴有来头的势力,他都会与他们结亲,通过联姻孙氏家族已在江东搭建了一个庞大的关系网。有了这张网,所有网内的亲戚就会相互扶持,一旦我们打破了这张网,对孙氏家族是不可接受的。因此我建议不要急于去攻打东吴,我们还是应该在荆州站稳脚跟,然后再逐步对东吴施加影响力,采用不激进的方式来瓦解孙氏家族的关系网。”

曹操说:“要不就这样吧,我们采取先礼后兵的态度,由德祖写一篇劝孙权书,以邀约打猎的方式试探东吴的意志力,看看他们的反应再说。”杨修立即答应,拿过笔墨纸砚,当场修书一封,大意是说:曹操奉了天子的旨意,率领百万之众来到荆州,荆州的刘氏家族已经归降,现打算约江东的孙权一起打猎,共商剿灭刘备之事,一旦成功,将与孙权共分天下。

等杨修写完,曹操命人将书信送去给孙权,并对大家说:“我们一方面继续操练兵马等待时机,另一方面观察江东的动向,据我所料,江东内部一定会因此争执不休,很可能会引起族群之间的内讧。一旦江东集团内部出现分裂,就能给我们带来机会,到那时我们就去收获渔人之利。”大家纷纷称善,觉得曹操的安排十分合理。

荆州古来就是繁华之地,这里河网密布,人们将此称之为“鱼米之乡”。由于文风极盛,诗书文章流行于市,这正迎合了曹操的喜好,曹操一生除了打仗之外,就喜欢诗词文章。这次到了荆州,感觉这里的水土比北方的杀伐之地温柔多了,他让司马懿出面帮他物色当地的文人,再让杨修出面帮他物色当地的佳丽。对于文人,曹操设立了“招贤馆”,这是公开的,可以大张旗鼓地做;对于佳丽,曹操私设“藏莺院”,这是对内的,私下里悄悄地干。

正当曹操在荆州既整顿兵马又舞文弄墨时,早就潜伏在东吴的沐氏姐妹发来了消息,说:“刘备派遣诸葛亮正在与孙权手下的大都督周瑜和副都督鲁肃联系,似乎在商议共同抵御曹大哥您的事,据说诸葛亮初到江东之时,以张昭为首的谋士集团认定他是来搬救兵的。张昭认为江东目前自身难保,犯不着为了刘备而得罪曹大哥您,但是诸葛亮却根本不理睬江东的所有谋士,而是直取主要目标,通过说服周瑜来打动孙权,而说服周瑜的方法竟然就是挑拨周瑜的嫉妒心。说曹大哥您这次前来攻打江东的目的就是为了夺取江东美人大乔与小乔,他这么说可把周瑜给惹火了,小乔是周瑜的夫人,大乔是孙策的夫人，如果曹大哥您打江东的目的就是为了这两位美人，不但周瑜的脸没地方放，连孙权也不能置身事外，所以最终孙权与周瑜下定决心要联合刘备来抵抗曹大哥您。”

曹操听到这个消息后，立即召荀攸、贾诩、杨修与司马懿讨论此事，杨修说：“刘备目前兵马据说不到两万人，就算孙权那里有十多万人，总数与我军比仍然远远不如。若是打陆战，那不用说，我军会以绝对优势战胜他们，但如今所面临的是打水战。我们从北方带来的士兵适应度不高，但有蔡瑁、张允率领的荆州水师弥补了这个不足。目前荆州水师由于禁和毛玠为大都督，操练情况十分顺利，主公完全不必担心，我们一定可以胜过孙刘联军。”

荀攸说：“刘备以信义号召天下，孙权对他也有所忌惮，就孙权本心而言，估计巴不得刘备完蛋。但目前大敌当前，他们才不得不联起手来，若按常规军事战略来论，我们退一步或者暂时不再向前，反而能使他们内部分裂。而我们越是咄咄逼人，越会使本来难以形成的孙刘联盟趋于紧密，这对我们是不利的。”

贾诩说：“我们大军在外，每日耗费极多，目前我们的选择有二，其一是在荆州扎下根来，派大将守卫，其余人撤回许都去休养生息；其二是速战速决，利用我们在军力上远胜对方的优势，尽快击败他们，夺取江东，我们也算是圆满了。”

杨修又说:“这次我们南征声势浩大,大军所到之处战无不胜,夺取荆州兵不血刃,这说明目前我们正在得势。打仗也需要看风头,风头在时,做事就顺利,风头不在,做事就不顺。因此我们要一鼓作气,乘胜追击,完成统一大业。”

司马懿说:“做事情有时候急不得,不可因为眼前的利益而违背了作战法则。目前虽说我军在人数上的优势很大,但未必在地理上也占优势,人数优势若能发挥出来,对敌方是一种压力,但若是发挥不出来,地理上的劣势只怕会被敌方所趁。”

杨修说:“打仗有时候也像是在赌博, 赢面很大的情况并不常见,当你占据绝对优势时犹豫不前,这等于是白白丧失天赐的机会。这次我们出兵虽然占据了荆州,但若不乘胜追击拿下江东,一旦给了对方准备的时间,以后再想与之交手只怕就没有这样好的契机了。”

曹操听众人议论纷纷,他的心里也是拿不定主意。就目前的情况来看,他的北方士卒从来没打过水战,与东吴打水战赢面有多大还是个未知数,假如完全依靠荆州投降过来的水师,也不知靠得住靠不住。想到这里,曹操决定带着大家去视察一下水师的训练情况,然后再做判断。

曹操率众谋士来到长江边上的水师训练基地,远远就见到于禁和毛玠正在指挥江面上的大小船只往来模拟交战,曹操一到,众人纷纷过来请安，曹操问于禁：“最近水师训练的情况怎样啊？蔡瑁与张允有没有尽力？”于禁答道：“回禀主公，蔡瑁、张允非常卖力，荆州本地水师已是一支训练有素的精锐部队，只是……只是……”“只是什么？”曹操不解地问。

于禁回答：“只是我们从北方带过来的士卒对长江里的风浪有点不适应，上船练不了多久就纷纷头晕打晃，很多人连站都站不住，更别说打仗了。”曹操怕的就是这个，赶紧叫毛玠过来问，毛玠答道：“我们北方的军士果然不适应水战，在许都时，以为朱雀池和玄武池里练练就可以了，没想到真到了长江上，一点风浪都经不住。一个浪头打过来就有大半北方士卒摔倒，不少人还持续呕吐，吐得连胃酸都吐出来了，这个仗根本没法打。”

曹操听后气不打一处来，命人叫来了蔡瑁与张允，将他们一顿臭骂，问他们明明看到了问题所在，为什么不想办法解决？蔡瑁哭丧着脸回答道：“北方士卒不习水性，这是天生的，要让他们在短时间里熟悉水性不是件容易的事，我们已经尽力在训练了，但收效似乎不大。”张允也说：“荆州本地的水军，由于个个自小就是在水里泡大的，天生对水亲近，这不是短时间里就能练出来的。”曹操也是个明白人，听蔡瑁、张允如此说，心里雪亮，知道北方汉子的确不可能在短时间里学会水战，只得诫勉了蔡瑁与张允几句，让他们再想想办法，尽快训练士卒们适应水战。

回到荆州帅府后，曹操对荀攸说:“我们北方带来的士兵真的不行啊，但打仗怎么可以光靠投降过来的荆州水师呢？他们能靠得住吗？”荀攸道:“我也觉得这是我们的命门所在,这个问题不解决,与东吴开战就没有把握。”曹操说:“兵书有云,不打无准备之战。我们的水军都上不了阵,看来这仗是打不了啦,难不成我们真的撤回去？”

杨修道:“主公万万不可,虽然目前有一些问题,但如因此就退却了,只怕以后会后悔的。”贾诩也说:“我们既然来了,聚集百万之众不易,若就此停步的确有些可惜,但盲目出击,只怕有些风险。不如暂时静观其变,且看水军操练的进度再做决定？”曹操说:“也好,我们不急着去攻打江东,首要任务是操练水军,一旦水战能力有大的提高,我们再做决定不迟。”

接下去的一段时间,于禁与毛玠继续督促操练水军,曹操潜心发掘当地人才,加强招贤力度,他心想刘备都能在这里寻到诸葛亮这样的能人,我为什么就不行?我要汇聚本地的才俊为我所用,当地人熟悉当地事情,说不定形势就会有所改观。

直到有一天,探马来报,说东吴的大都督周瑜在三江口扎下营寨,大有与我军决战之势,曹操心里一紧,他想难道孙权下决心与我抗争了?看来和平招降东吴的努力白费了,最终要拿下东吴还得决战。正在此时,有人来报,说于禁在操练水军时遭遇东吴水军骚扰与窥探,于禁派船驱赶，双方小规模交了一次手，结果竟然被打败了，好在东吴的水军人数不多，虽然得胜，但也不敢贸然逼近，当我方主力船队出动时，他们就立即撤退了。曹操听后，心里恼怒，心想这么看起来，在战术上我们还真是打不过对方。我军所靠的就是人多，若是在陆地上根本不怕，但是在水面上就不好说了。

正在思虑间，忽然有人来报，说幕僚蒋干求见，曹操心想，蒋干在自己帐下多年，平时也不见得有啥突出本领，今日主动求见，莫不是有何特殊方略？于是命人将他请入，蒋干进来见到曹操后立即作揖，他小声对曹操说："主公勿忧，我听说东吴的水军大都督是周瑜，此人与我从小相熟，曾经是一个私塾里的同学，我蒋某不才，愿为说客，前去说服周瑜归降主公。"

曹操一听大喜，心想还有这种事？蒋干竟然与周瑜有旧，而且愿意去劝说周瑜来降。虽说周瑜来降这种好事想都不要想，但让蒋干乘这个机会去探一探东吴军中的虚实也好，毕竟可以知己知彼。于是曹操一口答应，对蒋干说："你这就去吧，若能说服周瑜来降，我给你记大功一件，就算不能，也多少探听一些对方的底细。"蒋干说："主公你放心吧，我有把握说服周瑜。"说完就退了出去。

曹操看蒋干离去，心里还有点不踏实，立即请来了贾诩商议此事，贾诩道："既然蒋干与周瑜有旧，让他去试一试也好，但照我看来，想轻易让周瑜投降，这几乎是不可能的事，能探听一些对方军中虚实已经是很大的收获了，最终我们还得与东吴一战。”曹操说：“你分析得很对，我也觉得想说服周瑜来降几乎是开玩笑，一点可能性都没有，但这次东吴既然敢列出阵势对抗我军，必然有他的独到之处，让蒋干去实地看一看，应该对我们没坏处。”

这些日子曹操一直很忙，除了军务之外，杨修还为他找了不少的荆州佳丽，此处的美人与北方的毕竟不同，她们缺乏北方女人的豪爽，却多了一分温柔。杨修对他的极力奉迎，曹操心里是有数的，杨修的父亲杨彪，很早就跟自己有交情，杨彪的儿子，就跟自己的子弟差不多。

有一天，曹操特地把杨修叫到跟前，对他说：“德祖，我看好你，你聪明能干，将来一定有前途，在我的儿子当中，我目前最喜欢的是子建。子建在文采方面很像我，我有意培养他当接班人，你要多扶持他，多给他一些正面影响，将来一旦子建上位，你就是首辅大臣。”杨修说：“主公放心，我一定竭力辅佐子建公子，子建公子在文学方面的造诣远超于我，他也是我的偶像。”

又过了几日，忽然有人来报，说蒋干回来了，曹操一听立即召见，只见蒋干慌慌张张地跑进来，一见曹操立即拜将下去，大声道：“主公，不好了，这次幸亏天佑主公，否则我们几乎就要着了奸贼的道了。”曹操一听，感觉莫名其妙，什么着了奸贼的道？他缓缓道：“子翼（蒋干字子翼）莫慌，究竟何事？你慢慢道来。”蒋干说：“主公请看。”只见他从袖筒里拿出一封书信来递给曹操，曹操接过打开一看，顿时气得胡须倒竖，虎目圆睁，他一拍帅案大声道："来人啊，把蔡瑁、张允给我绑来。"

原来蒋干交给曹操的是一封他从周瑜那里偷来的书信，而这是一封蔡瑁、张允私下里写给周瑜的投降信，信中约定他们会伺机刺杀曹操，然后归降东吴，这怎能不让曹操怒从心头起，恶向胆边生？

不一会，蔡瑁、张允就被绑着带到了曹操面前，他们两人一头雾水，不知发生了何事，急忙问曹操："不知我等犯了何事？"曹操冷笑着问道："最近水师操练得如何了？"蔡瑁赶紧回答："在下正在加紧操练中，但北方士卒从不会到熟练，毕竟需要些时日，不可一蹴而就。"

曹操大喝一声："还需时日？是否要等到我人头落地的那一天啊？"蔡瑁、张允瞪大了眼睛，张口结舌不知该如何回答。曹操一拍帅案，又是大声喝道："给我拖出去砍了。"门外武士们一拥而入，将蔡瑁、张允推了出去，蔡瑁、张允莫名其妙，心想就算训练水师多费了时日，也不至于要杀头啊！但还没等他们回过味来，就被拉出去砍头了。

砍完蔡瑁、张允，曹操的气也消了大半，他拿着那封蒋干偷来的书信反复观看，越看越觉得不对劲，心想在这大战一触即发的关键时刻，这封书信来得很突然啊，真有那么巧？赶紧让潜伏在东吴的暗探去探查周瑜的动静。不几日探马回报，说周瑜那里一切平静无事，只是每日里在操练水军，做出积极备战的样子。曹操听后一拍大腿，心想我上当了，这是中了周瑜的借刀杀人之计啊，嘿嘿，没想到老猎手让小兔子给迷了眼，周瑜小儿竟然瞒过了老夫。

现在好了，懂水战的蔡瑁、张允没了，这个水军由谁来操练？曹操没办法，只得还让于禁、毛玠负责。但他心里明白，在水战方面，于禁、毛玠是远不如蔡瑁、张允的。这件事气得曹操几天吃不下饭，但碍于面子，又不好承认自己的失误，既然不承认，也就不好公开责怪蒋干，这蒋干算是逃过了一劫，但蒋干毕竟心里明白，从此躲起来不敢再露面了。

第四章

凤雏过朝堂

为了某种短期需求而与不喜欢的人合作，这种合作是很别扭的，而最终也很难收获预期的结果。真正的成功首先需要与你喜欢的人合作。

管理者的能力体现在两点：一是平衡众人的利益，二是发挥每个人的特长。而求职者要的是：第一是有前途，第二是做得开心。

“排除万难，去争取胜利”这句话不正确。排除万难，这个胜利代价过大，有点得不偿失。正确的是：“做好充分准备，等候水到渠成的胜利。”

自从没了蔡瑁、张允，曹操对水军的操练情况更加关切了，他时不时地亲自去现场观看，亲眼看到众多北方士卒在摇晃的船只上东倒西歪，甚至呕吐不止的样子，曹操心里的这个急啊，真是难以言说。直到有一天，有人来报，说荆州城外有一位高人来访，此人自称是“凤雏先生”，曹操一听这个名字，忽然想起了以前徐庶曾对他说的话。徐庶说在荆州一带有两位天下顶尖的大谋士，一位是伏龙诸葛亮，另一位就是凤雏庞统。

难道说，庞统竟然来投靠我了？这可是一件大事，曹操赶紧亲自迎了出去，果然在府外见到了一位仙风道骨的人物，虽然长相并不英俊，但却有一种睥睨天下的气概，曹操急忙上前拱手问道：“来者莫非是庞统庞士元？”庞统答道：“正是在下，今日路过此地，特来拜会曹丞相。”曹操一听大喜，立即上前用手拉住庞统，两人携手揽腕一起走进帅府。

进入帅府后，曹操立即命人准备宴席，他要好好招待一下这位大名鼎鼎的凤雏先生，曹操请来了所有随军谋士作陪，席间曹操端起酒杯敬庞统，并且对庞统说："今日在此能见到先生实是我平生之幸，先生大才，曹某久闻盛名，这一杯先干为敬。"

庞统也端起酒杯，对曹操和席间作陪的众谋士说："在下庞士元，今日路过此地，听说天下闻名的曹丞相在此招贤，于是慕名前来拜见，有幸认识在座的各位，真是荣幸之至。"荀攸道："在许都时，我们就听元直兄多次提起过先生您，我们对先生您的仰慕之情犹如滔滔江水，奔流难尽，今日在此能得到先生的教诲，真是喜出望外。"

贾诩、杨修、司马懿等人也都说了一些客气话，大家酒过三巡，菜过五味，曹操问起天下大势，庞统答道："今天下汉室不振，全靠丞相您辅佐，才得以在许都安定下来，各处诸侯不服王化者众多，也亏丞相您四处征战，扫平了许多拥兵自重的地方军阀，这才算有了大汉目前的形势，丞相您不愧为中兴功臣啊！"

曹操听庞统对自己的评价那么高，自然十分高兴，说到兴起处，大家都纷纷觉得这次南征应该可以迅速平定东吴，从而为一统天下奠定基础。到了最后，曹操总算问出了他内心深处一直在纠结的一个问题，就是北方士卒不习水性，训练了那么久，始终不见成效，这样怎么才能与东吴的水军交战呢？

没想到庞统听到这个问题后，不假思索，立即给出了一个完美的解决办法，就是让曹操将所有的船只都用铁链连接起来，组成一艘庞大的大船阵列，然后再往上铺平板，这样就不怕长江上的风浪了。曹操一听，顿时恍然大悟，心想高明啊！不愧是凤雏先生，这一招似乎还真能解决问题，于是立即下令，让于禁、毛玠去把所有船只都用铁链锁在一起。

第二天，曹操带着庞统以及所有谋士一起来到江边，只见江面上的大小船只都被锁在了一起，上面还铺设有木板。果然如庞统所说，这艘组装起来的庞然大物就像是一块水面上的陆地，无论江里风浪如何汹涌，船面上军士们如履平地，不但是人，就连战马都可以在上面来往穿梭。

曹操大喜，觉得这个主意简直太妙了，这不就立即避开了北方军士的劣势，而迅速发挥出自己的强项来了吗？他重赏了庞统，热情地邀请他成为曹营的军师之一，但庞统对曹操说，他还有些俗务在身，要先去处理一下，然后才能全身心地投入曹营中来。曹操想都没想，立即就答应了，嘱咐庞统赶紧处理自己的事情，处理完了立即来曹营相会，庞统答应了，告别了曹操与众谋士，飘然而去。

庞统走后，曹军的训练速度明显加快，因为原先让曹军最为头痛的大问题被解决了，从此军士们再也不用担心晕船的问题，大家就跟在陆地上训练一样，迅速就掌握了水战的诸多技巧，曹操现场观看了好多次，每次都很满意。

回到帅府，司马懿对曹操说：“主公，您觉不觉得这个凤雏先生来得比较突然？他不迟不早，及时出现，还给我们出了这么一个好主意，难道这是巧合？”曹操问道：“我也觉得是巧了一些，那么你看这里面有啥问题吗？”司马懿说：“打水战虽然我也不懂，但平心而论，这驾驶船只应该有点像骑马，讲究的是个体的灵活，把所有船都连在一起，会不会失去机动性啊？”曹操说：“这一点我也想到了，但我们船上的人马如果比对方多很多，就算不灵活，对方又能奈我何？”

司马懿道：“对方如果用火箭射我们呢？”曹操回答：“这虽然是个问题，但这船是在水上，我们有那么多人，假如对方都是小船，每艘船上的人不多，估计形不成如陆地上的万箭齐发态势，就算有零星火箭射来，应该很容易就能取水救火吧？”

司马懿又问：“那么对方用火船直接冲过来呢？”曹操说：“我问过司天监，司天监说现在正值隆冬季节，长江江面多刮北风，风向对我们有利而对东吴不利，一旦使用火船，理论上是我们占据上风。”听曹操这么分析，司马懿一时也无话可说，只得告退。

过了没几天，沐氏姐妹从江东又发回了消息，说在东吴内部，对于是否要抵抗曹军的进攻争论得非常厉害。以张昭为首的主和派主张投降，他们害怕一旦战争失败会影响到在江东几代人经营的基础，他们祖上就是汉臣，投降朝廷后仍然是汉臣，可以说毛发无伤，根本没必要去冒险一搏。一旦战争打起来，万一输了，他们可能就啥都没有了，这些人在东吴根深蒂固，枝繁叶茂，对孙权的影响力很大。

那些主战派是以周瑜、鲁肃等为主，他们需要通过战争来巩固自身的地位，没有一场像样的战争，他们始终被那些豪门大族压制着，通过战争他们才有翻身的机会，所以他们坚决支持孙权开战。孙权本人却很矛盾，家族基业来之不易，一旦放弃，恐怕会成为孙氏罪人，但若说打仗，自己的实力又明显不足，万一打输了关系到身家性命，这对他来说算是一场豪赌，不下决心还真是不行的。

曹操心想，对孙权来说是一场豪赌，那么对我来说呢？是不是也算一场豪赌？赢了自然不必说，万一输了呢？但想想以前哪一次打仗不是从死人堆里爬出来的？哪一次不靠豪赌而轻松获胜？和吕布较量的那次，在濮阳就差点丧命。和袁绍决战更加不必说了，几乎算是侥天之大幸，在百分之一的机会里获得了胜利。这么看起来，这次对东吴的战争，目前的胜算应该有百分之八十以上，那么大的获胜概率，难道反而不敢拼了？

此时，埋伏在江东的细作又传来消息，说东吴内部主和与主战两派几乎吵到水火不相容的地步了，因为无论是战是和，都关系到各自的家族利益，所以大家全豁出去了，谁也不肯退让，拼命试图说服孙权采纳自己的建议。张昭、顾雍、虞翻、步骘、薛综、陆绩等人，都是江东世代大族的掌门人，为了自己族人的安危，他们不得不代表江东父老对此次抗击曹军的胜败表示忧虑。

首先是曹军的实力远超东吴；其次是曹操代表天子的旨意，属于名正言顺的王师；第三是曹操首先收服了荆州，尽获荆州水师之利，长江天险其实已无险可守；最后是曹操近段时间南征北战，战绩卓著，实战经验极为丰富。而孙权自从掌权以来，还没进行过像样的战争，大都督周瑜也没有像曹操那样的战绩可供参考，一旦打起来，曹操的赢面占了百分之八十。假设这场战争是一场赌局，面对只有百分之二十的胜率，是否该去赌，大家心里肯定惴惴不安，更何况这百分之二十的概率，还不知究竟能赢在哪里？

张昭目前是东吴文臣的领袖，孙权家族在江东要想站住脚跟，必然需要当地的豪门大族支持他，所以孙权一直对张昭等人十分尊重，张昭的建议，孙权一般都是无条件采纳的。这次刘备派遣诸葛亮来东吴游说，张昭等人首先站出来反对，他们赶在孙权前面拦住了诸葛亮，希望能通过与之辩论的方法来阻止他蛊惑人心。没想到诸葛亮能言善辩，一番言语说得大家无言以对，虽然如此，张昭等人仍然不死心，他们一定要阻止诸葛亮的阴谋得逞。

而周瑜、黄盖、程普、韩当、周泰等人本来都出身于普通人家，绝非大族豪门可比，他们之所以有今天，靠的是战功。他们需要通过打仗来夯实自己在东吴的基础，他们一旦退缩了，只怕将来就没有容身之地，所以他们是绝对的主战派。鲁肃虽然在东吴出身富户，但也非显赫豪族，他是因为与周瑜相熟而被提拔，所以一定要站在周瑜的一边，坚决支持与曹操开战。因此周瑜在孙权尚未下定最终决心之前，就已经秣马厉兵，准备应战。

诸葛亮是完全站在刘备这一边，刘备目前实力太弱，靠自己根本打不过曹军，只得全力说服孙权与自己联手抗曹。如果孙权投降了，刘备也只得亡命天涯。天下虽大，估计再无他容身之地，所以这一次联吴是他人生的转折点，要么往好里转，要么往差里转，他当然也是竭尽全力的。

诸葛亮虽然年轻，但他平生的抱负很大，一直都想当一个类似管仲、乐毅那样大有所为的人，他所娶的妻子黄月英与原荆州之主刘表是亲戚，刘表手下大将蔡瑁是她舅舅，但诸葛亮却不愿意在刘表这里任职，原因就是他看刘表没什么出息，不想耽误了自己的前程。这次之所以投靠刘备，首先是看中了他的皇叔身份；其次是看好他的志向与民望；第三是刘备身边目前缺乏谋士，他去后可以一步登天，立即成为第一谋士，从而实现一直以来的志向。

曹操心想，这实在是可惜了，诸葛亮为何不到我这里来呢，刘备就算是皇叔，可是我这里有皇帝啊，皇帝难道不比皇叔强？更何况我一向求贤若渴，只要你诸葛亮能来，我一定留出最好的位置来给你，只要你有能力,我封你为第一谋士也无不可,或许你认为我对大汉还不够尽忠?难道刘备就忠于大汉了?刘备现在那是没有实力,一旦等他有了实力,只怕还不如我呢。

这一天曹操又一次召开了敌前会议,虽然目前面临着对孙权的大决战,但究竟何时开打,这还是一个问题。因为这次所打的是水战,不像以前的陆战那样有经验,本来蔡瑁、张允在,曹操还可以咨询一下,现在蔡瑁、张允没了,曹操感觉有点抓瞎,不知这水战究竟该怎么开打,今天召集大家过来,也是为了探讨一下这个问题。

这次参加会议的还有水军大都督于禁与副都督毛玠,于禁首先发言,他说:“自从凤雏先生建议将所有船只连接起来后,水军的训练进程就加快了,现在大家再也不用为摇晃、站不稳、呕吐等事情烦恼了,完全可以集中精力加强在船上与敌人拼杀的技能训练,按照目前的情况来看,随时可以去和东吴较量。”毛玠也跟着说:“军士们在训练的过程中还总结出了许多水战的新技能,比如盾牌阵、箭雨阵、合围阵、突击阵,大家对战胜东吴都充满了信心,不过……不过……”

大家一开始都听得精神百倍,但感觉毛玠说着说着话锋一转,开始支支吾吾起来,曹操也感觉奇怪,立即问道:“不过什么?”毛玠说:“这也是刚刚察觉的事,是否会进一步发展还不可知……”他这么一说,大家都紧张了起来,心想出什么事了?毛玠为何吞吞吐吐?

毛玠看到大家都露出了关注的神情，只得继续说下去，他说："就在昨天，水军里有部分士兵开始患病，随军大夫来检查后，说有可能是水肿。虽然开了药方加以治疗，但目前尚不能确定是否能迅速治愈，一旦不能迅速治愈，此症状有可能转化为恶性病毒，据大夫说是会传染的。"曹操听后大吃一惊，急忙问："大夫有没有说这是什么原因引起的？"毛玠回答道："大夫说这是因北方来的士卒长期在南方进行水战训练导致的水土不服造成的。"众人"哦"了一声，面色立即都沉重了起来。

荀攸说："看来首先要将所有患病的士卒隔离开来，再对其他士卒进行全军大检查，务必排除疾病传染的可能性。"毛玠说："此事我们已经着手在做了，但全军人数较多，随军大夫数量有限，大检查恐怕尚需时日。"

杨修道："我们好不容易等到今天，一切条件眼看着就要全部具备，这个节骨眼上怎么会突然爆发流行疾病？一旦病毒流行起来，我们这个仗还打不打？"贾诩道："如果真的有爆发流行疾病的可能性，这个仗当然就不能打了，不但不能打，我们还得赶紧撤回去休养，否则对全军不利。"杨修道："话虽如此，但撤回去的经济损失可能是巨大的，组织数十万人劳师远征，到了地方又无功而返，这在各方面看起来都不是一个合算的买卖。"

贾诩道："此时不能再以买卖的心态来看问题了，大军撤退虽说无功而返，但毕竟比一旦战争失利，结果却好得太多。”司马懿跟着也开口了，他说：“现在的情况还不明朗，刚才毛将军说今日才初次发现有患病的士卒，并且已经及时做了防范工作，我们可以再等几天看看，一旦病情能够控制，这个仗还可以继续打，若是病情控制不住，我们再撤退不迟。”

曹操觉得司马懿说得对，他立即指示于禁和毛玠，让他们立即进行全军上下的自我检查工作，把有患病迹象的士卒都隔离开来，让随军大夫认真治疗，务必控制住病情传播，有任何情况立即汇报。

本以为这是一次意外的小事故，但没想到的是，这次的流行病毒竟来得非常猛烈。过不了几天，在军中患病的人数迅速递增了，随军大夫人数并不多，面对一下子爆发出来的疫情顿时手忙脚乱。曹操这几日一直在军中视察，他看望了那些身患疾病的士卒，发现他们大多口吐白沫，四肢无力，眼皮下垂，看起来病情似乎有点严重，这可怎么办呢？曹操一下子陷入了沉思。

难道到最后还只能是选择撤退？曹操虽然心里不愿意，但理智告诉他这可能是唯一正确的做法，只是他花费了如此庞大的心血，到头来却是这样一个结局，有点让他心情不爽。正在曹操犹豫不决的时候，忽然有探马来报，说江东方面来人了，曹操一听，江东方面来人？是什么人呢？赶紧请进来说话。

只见士兵们领着一个白衣书生模样的中年人来到了曹操面前，他自报家门，是孙权帐下的幕僚阚泽，这次是秘密来访，有重要书信带给曹丞相。曹操一听，好奇心大盛，立即说道："是什么书信?赶紧拿过来我瞧瞧。"他接过阚泽递来的书信拆开一看，竟然是一封投诚信。

信上说江东老将军黄盖，因看不惯后生小子周瑜的趾高气扬，与他平日里多有嫌隙。最近在如何对付曹军的排兵布阵方面又与周瑜有不同见解，结果周瑜公报私仇，竟然要借机杀了他，后看在众将苦苦求情份上才免了死罪，但仍是当众杖责一百军棍，直打得他晕死过去。想到周瑜小儿身无寸功，仗着与孙策的连襟关系当上了水军大都督，年少气盛，目无尊长，不把老将军放在眼里，所以一气之下，让好友阚泽为使者，前来投书请降，只盼能与曹丞相达成约定，必定携带让丞相满意的见面礼前来投降。

曹操看完这封书信，暗中一阵欢喜，心想我刚才还在为是否撤军犯犹豫呢，竟然天降喜讯，东吴内部自相内讧，导致重要将领来降，这要是真的，岂非是天助我也。但这是真的吗?总感觉好事来得太突然了吧？曹操放下书信，用眼睛看了看阚泽，沉吟半晌，突然大喝一声："给我拿下了。"两旁的士兵立即上前将阚泽绑缚了起来，只见阚泽不动声色，淡然问道："丞相这是何意？"

曹操说道："你当我是三岁小孩吗？这点微末把戏也敢拿来欺骗

我？”阚泽哈哈大笑道：“久闻曹丞相求贤若渴，今日一见也不过如此，罢了罢了，公覆（黄盖字公覆）啊，你算是看走眼了。”曹操问道：“怎么是看走眼了？”阚泽说：“要杀就杀，不必多问，既然丞相胆小心虚，我们投靠过来也是白搭。”

曹操一看这阚泽气度不凡，一点害怕的神色都没有，于是也只得自我解嘲般地干笑了几声，对卫士们说：“给他解开了绑缚吧，阚先生请勿介意，我只是试探一下而已，此事容我想一想，请你先去客舍暂住吧。”于是命人带阚泽去客舍安歇。

曹操立即找来手下的几位谋士，请大家一起分析一下阚泽的来意究竟如何？杨修道：“恭喜主公，敌方内部不战自乱，周瑜年纪轻轻就当上了大都督，这肯定在东吴会引起那些老臣们的不满。想那黄盖、韩当、周泰等老将军，原先一直是跟随孙权的爹孙坚的，后来孙坚死了，他们又跟着孙策平定江东，可以说是江东的元老级人物。周瑜小儿寸功未立就身居高位，这怎么能让众人服气？黄盖的反应是情理之中，在江东与周瑜不是一条心的大有人在，黄盖只是第一个表示出来的人。”

荀攸道：“黄盖是东吴的三世老臣，的确是元老级人物，他一旦造反，对东吴的影响是很大的，说不定会使东吴抗战的信心彻底丧失，这件事情如果做得好，我们这次几乎可以不战而胜了。”

贾诩说道:“我看我们还是慎重一点为好，黄盖投降究竟是真还是假,这个首先需要弄清楚,千万不可上了对方的当。这几天江东方面应该会有情报传过来,等情报到了,我们再做具体分析。”曹操也觉得贾诩说得对,先不能盲目乐观,万一这又是一个骗局呢?不如等一等,看江东这几日是否有相应的情报来验证此事再说。

第三天,真的从江东传来了密报,说大将黄盖在排兵布阵上与大都督周瑜意见不合，两人在帅帐内争论得很凶，结果黄盖触怒了周瑜。周瑜本想以正军法为名杀了黄盖,结果因众将求情而告免。但周瑜余怒未消,仍然打了黄盖一百军棍,直打得老将军皮开肉绽,卧床不起。

曹操心想,这么看起来此事是真的了？于是请来阚泽详细询问黄盖打算投降之事,阚泽回答:“由于最近黄将军在卧床养伤,加上脱离东吴投奔曹营需要有一个恰当的时机，所以无法事先商定日期,必须要随机应变。现在我们只能与丞相您说定,等哪一天东吴出现机会时,我们会派人再来通知您,到时候请您派水军去长江中线接应我们。”曹操听了感觉有道理,的确此等隐秘之事无法事先敲定日期,只得随机应变。于是就相信了阚泽,并将他礼送回东吴做内应,否则阚泽如一去不返,东吴必定发觉此事有异,不利于黄盖后续的投降事宜。

阚泽走后,曹操每日里心神不宁,一方面军中瘟疫流行,越来越多的兵卒病倒了;另一方面东吴那里不断传来备战的消息,看来是打算与他决一死战,毫无妥协余地了。这天晚上,曹操在帐中翻来覆去睡不着,突然间听得外面似乎鼓角齐鸣,有敌人来攻的迹象,他慌忙穿衣下床,只见亲随来报,说东吴趁长江上夜间大雾,突然大举来攻,曹操大吃一惊,他原本以为以东吴的实力绝对不敢率先发难,没想到他们竟然会大举来犯,要打自己一个措手不及?

曹操与众将迅速汇聚到了江边水军大营，只见当夜江面上大雾弥漫,能见度非常低,对面影影绰绰地似乎有上百条大船正朝曹营这边杀过来,而且鼓角齐鸣,号炮连天,阵势还真有点大。于禁向曹操请示,是否立即派遣水军出兵应战？曹操心想,这长江天险,对江东水军来说熟门熟路,有雾无雾一点关系都没,但对我们来说,是否看得清楚至关重要。在这等大雾阵中,一旦派军杀入,岂非被对方打得晕头转向？而且对方之所以选择此时进攻,肯定早有盘算,目的就是趁着夜晚大雾的天气,好给我们一个突然袭击,我们不能上这个当。于是他下令于禁不可出兵,立即准备弓弩手待命,等东吴的船只接近时,万箭齐发,让对方无法靠岸登陆。于禁得令,立即进行了准备。

果然,对方的船队渐渐接近了,船上的战鼓敲得震天动地,带着一股慑人的威势。于禁一声令下,曹军万箭齐发,一下子就把敌军的所有船只都射成了大刺猬,直射得敌方船只停滞不前,就地打转,再也无法靠岸。说也奇怪,曹军万箭齐发之后,对方的鼓也不敲了,号也不吹了，动作也消停了，所有船只竟然就这么灰溜溜地回去了。曹操有点不解，这一仗看来好像是自己打赢了。对方这次突袭，来得突然，退得意外，似乎没有占到丝毫便宜就被我军打退了，看来这打水战与打陆战的区别真是非常之大。碍于大雾，曹军也无法乘胜追击，大家就这么糊里糊涂地算了。

直到第二天晚间，江东方面又有探马来报，说昨晚东吴的近百只大船上所载的全是稻草堆，从曹军这里接收了大量的弓箭后返回，这下子东吴的弓箭数量足够了，都不用自己造，直接来曹军这里搬运即可，这似乎还是诸葛亮所设下的计谋。曹操一听，真是哭笑不得，心想原来如此，这诸葛亮是有点水平的，昨晚是从我这里获取军备武器啊。虽然是小计谋，但也很管用，这个诸葛亮的确是个人才。

时间很快就来到了建安十三年冬十一月十五日，这一天的傍晚，月色明亮，气温适中，曹操的心情非常愉快，他命人在大平板船上摆下宴席，邀请所有文武官员到场，他要举办一次“赏月大会”，舒缓一下大家近期被流行疾病所折磨的焦虑心情，也算是借机鼓舞一下士气，让大家看到胜利的希望。

在“赏月大会”上，大家的兴致都很高，曹操率先回顾了他与这些老臣们一起度过的峥嵘岁月，回忆他们当初是如何揭竿而起的。从董卓作乱开始，到十八路诸侯联盟，然后是伐吕布，征张绣，迎天子，定都许昌，后来在官渡之战中战胜袁绍，从而统一北方的大局，奠定了问鼎天下的基础。

在座的许多位老臣都是一路跟随曹操直到今天的，曹操所经历的种种事情他们也是一一参与，听到曹操说得动情，大家也跟着落泪，感觉一路走来真是非常不容易啊，多少次死里逃生，多少次命运抉择，处处都是血与火的考验，处处都是你死我活的斗争。也就是曹操，能够每次都亲冒矢石，冲在第一线，每次都是率军亲征，与敌人做殊死搏杀，大家一路跟到现在，无不对曹操充满了敬佩之情。

曹操一面与大家干杯，一面缅怀过去、展望未来，他的目的很明确，就是要让大家提起精神来，不要被疾病吓倒，要以饱满的斗志迎接即将到来的决战。有些时候，他也拿自己举例子，用曝光自己的感情生活来拉近与众人之间的关系。

曹操说："我在很早以前就与江东的乔玄熟悉，乔玄膝下有两个极为出色的女儿，分别叫大乔与小乔。乔玄当年就承诺等这两位姑娘成年后就嫁给我，但是计划赶不上变化，当我在北方大展拳脚、拓展事业时，孙策与孙权在江东意外获得了主导优势。在他们的强权下，乔玄不得不把两个女儿分别嫁给了孙策与周瑜，自己也成了乔国老。但他的女儿这么一嫁，最伤心的人是我，我等这两位女孩长大已经等了许多年，好不容易等到了，她们却成了别人家的媳妇，这对我来说是巨大的打击。为了这件事情，我也得发愤图强，在有生之年一定要打败东吴的孙家势力，将本就属于我的大乔与小乔夺回来。我这辈子对女人的欲望也仅限于此，只要有大乔与小乔陪伴在身边，我也不再有其他的想法了，我在许都建铜雀台，其实就是为养老做准备的。”

大家听了曹操的这番肺腑之言，都觉得丞相是把自己当作最亲密的人了，对自己毫无保留，连喜欢什么女人都开诚布公，不躲不藏。那个时候大家虽然并不保守，但对于女人还都视为私有财产，能够对其他人说起自己对女人的喜好，无疑是表明了彼此之间的关系亲密。当时大家也都认为，能为女人而拼搏的男人，也还算是有情有义的优秀男人。于是大家纷纷举杯祝福曹丞相早日平定东吴，夺取旧爱，完成自己的心愿。曹操在大家热情的鼓舞下，仰望星空，发出问鼎苍天的长啸，他一口将杯中之酒喝完，放下杯子，举起一支长槊，缓步吟道：

对酒当歌，人生几何！
譬如朝露，去日苦多。
慨当以慷，忧思难忘。
何以解忧？唯有杜康。
青青子衿，悠悠我心。
但为君故，沉吟至今。
呦呦鹿鸣，食野之苹。
我有嘉宾，鼓瑟吹笙。

明明如月，何时可掇？

忧从中来，不可断绝。

越陌度阡，枉用相存。

契阔谈讌，心念旧恩。

月明星稀，乌鹊南飞。

绕树三匝，何枝可依？

山不厌高，海不厌深。

周公吐哺，天下归心。

大家听曹丞相吟出这么一首声情并茂的诗词，纷纷起立为之鼓掌，一时间掌声雷动。对诗中意境，众人交口称赞，曹操也很得意，他今日尽情抒发了大丈夫生于天地间的豪迈气概，所谓吞吐天地，囊括宇宙，尽展平生之志，才不枉费了这一生。

正当大家无比欢快之时，在座的一位时任扬州刺史名叫刘馥的人因为酒喝得太多了，头脑有点发晕，竟然不合时宜地站起来挑曹操的毛病。他说："丞相，大军决战当前，你为何出此不吉利的言辞？"曹操一听愕然，不解问道："何为不吉利的言辞？"刘馥说道："刚才丞相诗中所言'月明星稀，乌鹊南飞。绕树三匝，何枝可依？'这听起来似乎不吉利啊，好像预示着我们的这一仗要败。"

曹操此时也已酒劲上头，人有点晕晕乎乎，他一听刘馥说他对东吴的这一仗要败，顿时气不打一处来，大喝一声："你怎敢败我的兴致！”提槊一刺，正中刘馥胸口，一下子将他捅死了，大家一看这场景，吓得都不敢再言，酒席也就这么散了。

第二天曹操的酒醒了，想起昨晚所发生之事，对失手刺死了刘馥十分后悔，只得叫来刘馥的儿子好生安慰，并厚葬刘馥，让他的儿子扶棺椁先回许都安葬。刘馥的儿子本来吓得半死，以为父亲触怒了曹丞相，对刘家满门不利，没想到第二天曹丞相竟然懊悔他昨晚所做之事，还下令以三公的待遇厚葬父亲，刘家众人的心这才算放了下来。

这段时间，在江东的孙家内部，孙家人也一再规劝孙权，说周瑜为了自己的荣华富贵，不惜拿江东孙氏江山为赌注，去搏一次没有把握的战局。从探马来报的信息看，曹军拥百万大军，尽收荆州之利，帐下能征惯战之将不下数百位，面对这种情势，我们江东能有什么？去和曹军对阵无疑是拿鸡蛋碰石头，一点取胜的把握都没有。而周瑜所设计的诸多法门，细看起来全都要靠运气吃饭，运气这东西毕竟是虚的，可遇不可求，战争最终靠的是实力，一旦此仗打输，整个江东连同孙氏家族全都完了。由于我们还是与朝廷旨意唱对台戏的角色，估计曹操得把我们描绘成乱臣贼子，在史书上都留不下什么好名声。

孙权最近为了这件事情，头都大了，眼见两鬓多出不少白发来。因为此事关系重大，成败牵连到他自身的盛衰荣辱，本来他也有投降的计划，但看到荆州的刘琮与蔡瑁的下场，又让他心里发慌。若是他投降了，曹操也来个翻脸不认人，把他全家杀了，这岂不是搬起石头砸自己的脚？到那时后悔估计也迟了，父亲与兄长留下的基业就算是毁在了自己的手里了，到了阴间地府也无颜面对前辈的指责。但若是与曹操拼死一战，正如张昭所说，的确是拿鸡蛋往石头上撞，自己水陆两军加起来也不足20万人，其中还有不少是临时凑起来的乌合之众，上阵打仗只怕经不起闪失。

孙权想，至于刘备那里，纯粹是打酱油的，他反正赤脚不怕穿鞋的，一无所有，连立足之地都被曹操夺了，破罐子破摔，才找过来与我合作，赢了他能分到好处，输了他也没啥可损失的，简直是白捡的生意，傻瓜才不做呢。

好在周瑜、鲁肃等人还算有气魄，至少没有被曹操所吓倒，真要是打起来，毕竟需要有作战指挥能力的人，尤其是周瑜非常好面子。他自认为自从我兄长孙策不在后，整个江东最有本领的人是他，这次之所以积极求战，也是因为他需要保住自己的颜面，不能给别人看到胆小怕事的样子。这种个人英雄主义情结如果能恰当地利用，也不失为一件好事情。

至于鲁肃，他很早以前与周瑜就是朋友，完全靠着周瑜的推荐才能在东吴的军中立足，至今他还没有获得任何军功。没有军功就没有地位，他当然希望借此机会获得一些成就，以便今后能够在东吴站稳脚跟，这次他积极要求去联合刘备共抗曹操，其实刘备哪里还需要去联合？估计我们不派人去，他们也得派人来，在这种情况下，刘备需要我们远远多于我们需要刘备，鲁肃以为联合刘备是多大的成绩，其实不外乎是一种姿态而已。

不过话说回来，这个刘备也有他过人的地方。传说他从卖草鞋起家，在街上认识了两位草莽兄弟，一个卖枣子的，一个卖猪肉的，于是桃园三结义，从此走上了发展之路。这几年虽然刘备三兄弟到处流窜，连立足之地都没有，但毕竟人家混到了皇叔的名分。从卖草鞋的到皇叔，这个飞跃可谓是石破天惊，一下子就在江湖上叫响了名号。而且据说他善于宣传，民望很高，老百姓都把他看成是拯救万民的仁义之主。他那两个兄弟，竟然也从无名之辈一跃成为了超一流的武将，隐隐然有点武功盖世的味道。但这似乎又有些不合情理，如果他们真的武功盖世，那以前怎么会甘心卖枣子、卖猪肉？但如果以前就只是卖枣子、卖猪肉的，又怎么突然变成武功盖世了？变戏法也没有那么神奇啊，孙权实在想不明白。

在三江口前线，周瑜和鲁肃也在研究当前的战局，周瑜说："据探马来报，曹军大营中瘟疫流行，很多士卒都病倒了。曹操本有撤退之意，但以曹操的为人，就算此次撤退，估计不久又会再来。我们东吴的危机始终无法解除，这次的机会对我们来说也还算好，毕竟凤雏先生帮助我们将曹军的船只连成了一片，如用火攻，将一举歼灭敌军。而且黄盖的诈降之计也收到了一些成效，似乎曹操并没有怀疑，这对我们来说，几乎是千载难逢的机会，若是放过了这一次，以后只怕不再会有如此好事了。”

鲁肃也说：“张昭等人不知军情机密，他们仅从自身的安危考虑，一直在主公面前喋喋不休地劝降，搞得主公也心神不宁。因目前很多军情在尚不确定的情况下不宜公开，所以争取主公对我们的支持是目前的第一关键因素。”周瑜说：“我也知道主公对我们的支持是有限的，虽然当前看上去他拒绝了张昭等人的提议，坚决站在我们一方，但究竟这份支持能持续多久，关键还得看我们的第一步能否成功。目前我们所策划的黄盖诈降之计，说白了也就是成败在此一举。这一招成了，一切好说，这一招败了，估计就一败涂地，主公的想法也会随时起变化的。”

鲁肃说：“黄盖这诈降之计我也反复推敲过，办法是一个好办法，但最近时值隆冬，江面上多刮北风，风向对我们不利啊，一旦使用火攻，只怕反而烧了我们自己。”周瑜说：“这个事情是其中的关键点，我一早就想到了。但是诸葛亮却向我打包票，说他在赤壁一带住了许多年，而且善于观察天象，留意到这一带在隆冬季节的某些日子里会偶尔刮东南风，只要我们把握了这个时机，就能一举发挥出火攻的巨大威力来。”

听周瑜这么一说，鲁肃恍然大悟，他说：“哦，怪不得你让阚泽去对曹操说，黄盖将军何时起事得随机应变，不能提早确定日期，原因就在于我们要等东南风啊。”周瑜哈哈大笑道:“对啊,虽然诸葛亮对我说起东南风之事,但是他也只能提前三天预知天象。所以我们就要等确定会刮东南风的时候,再去通知曹操迎候黄盖的投降,乘机使用火攻来摧毁曹军大营。”

第五章

赤壁千古伤

做事不要勉强，勉强去做往往让人后悔。大的投入不要顾及面子，面子会让你一败涂地。很少看见有孤注一掷获得的成功，如果有，也是事后编出来的。

一百个人创业，八十个失败了就销声匿迹，二十个成功的到处炫耀。于是你觉得身边都是成功人士，问题是这二十个炫耀的，其中十九个是肥皂泡。

从一无所有到赚了 10 个亿会使人欣喜若狂，当他继续努力赚到 1000 亿时会志得意满，如果遇到一次重挫，让他损失 980 亿，他会心灰意冷，宁可自杀而忘了他还剩 20 亿。

受命于天

众所期待的这一天终于来了，曹操获得了从东吴传送过来的最新消息，黄盖将于第二天的深夜驾船携带东吴的重要军需物质前来投降，请曹军提前做好准备，到时候去长江江面上接应。拿到这份情报后，曹操的心久久不能平静，他终于等到了这一天。如果这次能够成功，一举拿下江东的孙氏家族，他就可以说是完成了统一大业的百分之八十，接下去的一切都会顺风顺水，再无像样的阻碍了。

到那时，是否取天子而自代之都可提上议事日程，改朝换代这一宏伟壮举说不定能在自己的手上完成。想到这里，曹操激情满怀，只感觉心潮澎湃，有一种渴望一战的强烈冲动。他命令于禁与毛玠让全军做好准备，第二天晚上按照约定时间去江面上迎接黄盖来降，“只要黄盖投降了，东吴的士气立即就会垮下来，此时我们再一鼓作气，挥军直攻江东，包管周瑜将一败涂地。”

到了约定的这天晚上，曹操亲率诸将登上了大船。到第一线坐镇指挥这是曹操的特点，以往的无数次战斗，没有哪一次他不是亲临前线的。众将见曹操都上了船，于是纷纷跟着上来。好在曹军的这艘大船大得离谱，大得像一块陆地，足够容纳数万士卒。移动起来固然缓慢了些，但看似无坚不摧，再大的风浪也不能撼动分毫。大家都瞪大了双眼看着江面，按照约定时间，很快对岸就会有黄盖投降的船队驶来，而这就是大战的发令枪，一场决战即将打响。

差不多等到了规定的时间，江面上忽然刮起了东南风，大家此时个个精神紧张，基本上没人注意到风向转变这个细节。只见对岸火光点点，人为地画出了规定的信号，预示着黄盖的船队来了。曹操和众将仔细观察，果然对岸有数十条大船似乎满载着货物，正急速朝这里驶来。曹操下令，水军全部出港，去江面上迎接黄盖的船队，协助他击退后续有可能出现的东吴追兵。于禁挥动令旗，大船缓缓出动，稳稳地离开了船坞。

当双方的船队逐渐接近的时候，贾诩突然发觉对方的船队似乎有加快航速的迹象，他对船运事务虽然不太熟悉，但总感觉有哪里不对，于是他及时提醒曹操说："主公，是否下令让对方的船队停止前进，就在江面上接受我们的检查？"曹操不解地问："文和你这是何意？"贾诩道："我总感觉对方的船队有啥地方不对头，它似乎在不断加速。"曹操一下子清醒过来，觉得贾诩的疑惑有道理，赶紧对于禁说："下令让对方的船队停止前进，就在江面上接受检查。"

于禁挥舞令旗，身边的传令兵们齐声大喝："对面的船队停止前进，就在江面上接受检查。"但对面的船队根本不接受曹军的命令，照样齐刷刷地朝着曹军的船队直冲过来。眼看双方的距离越来越近，曹操不得不下令，若对方再不停止前进，我方就可放箭加以阻止。传令兵们齐声大喝："你们若再不停止前进，我方可就要万箭齐发了！"这时，只见对方的所有船只突然间燃起了熊熊大火，一艘艘战船全都成为了火船，曹军一看到这个情景，士卒们顿时大惊失色。

火船借着风势，一艘接一艘全部撞入了曹军的战船群中，一下子就将曹军的战船给点着了。于禁、毛玠也慌了手脚，不知道该命令军士们灭火还是逃跑。对方的火船上明显装的都是浇满柴油的柴堆，火势极猛，轻易根本扑不灭。若要逃跑的话，大家都在江面上，除非跳河，否则往哪里逃？大军作战，最怕就是碰上事先没预料到的意外，一旦众军将士失去了方向，大军就很容易乱套，一旦乱起来，谁也控制不住。

这时众将的第一反应都是赶紧救援曹操，大家齐心合力斩断了几艘快艇的缆索，以保障曹操及其身边的重要大臣们先逃。此时的曹操连胡须都被烧着了，已经没有工夫管军士们的事了，在大家的簇拥下，登上小船，赶紧往回就逃。

曹操等人逃回岸边后再回头一看，好家伙，曹军的整个大型船队被烧成了一个大火堆，船上的所有士兵，不是被烧死就是跳河被淹死，大队人马土崩瓦解。正在这时,只见从四面八方杀来许多支敌方军队,黑暗中一时也难以分辨究竟是谁和谁,只听四周鼓炮连天,一片捉拿曹操之声。

对曹军来说,此时大家已失去了方向,也失去了统一指挥,仓皇逃窜的士卒如无头苍蝇般到处乱跑。原先属于荆州投降过来的二十多万军士,本来忠诚度就低,曹操杀死蔡瑁、张允后,他们更加心灰意冷,率先溃逃。二十多万人一跑,带动了整个战局的崩盘。很多北方士卒还有病在身,现在更没了战斗力。曹操等人在众将的护卫下也赶紧跑,由于分不清具体道路,他们只能一路向北,路上遭遇了黄盖、韩当、甘宁、凌统等东吴将领的截杀。好在曹操身边还有张辽、许褚、于禁、徐晃等大将护卫着,大家边打边撤,逐步摆脱了东吴的追杀。周瑜这次原先也没想到能取得如此大的胜利,所以后续准备不足,这样也就放了曹操一条生路。

整个赤壁之战的主战场都是由东吴军队控制,刘备的军队由于人数实在太少,在正面作战方面根本起不了作用,他们只得搞一些埋伏与偷袭,多少也能获取一些好处。曹操的大军遭遇赤壁的火攻后,再加上孙权军队的四面合围,已经被打得溃不成军。在这种情况下,逃跑途中又先后遇到了刘备军的张飞与赵云的埋伏,前后两次截杀,重挫了曹操的残余人马。到最后曹操身边除了少数几位精疲力尽的亲信外,几乎没有士卒跟随了,他们慌不择路地向曹仁驻守的南郡跑去。

结果在华容道上又遇到了早就埋伏在那里的关羽所部，关羽虽只带了五百士卒，但他们是以逸待劳。曹操麾下目前只剩下三百多人，个个都精疲力尽，连走路都摇摇晃晃，更别说打仗了，这时候关羽若想活捉曹操以及他身边的重要人物可以说是易如反掌，但关羽却没有那样做。为什么呢？原因是关羽顾念着曹操昔日在许都时对他的恩义，想当初曹操对关羽着实不错，连关羽胯下的这匹赤兔马也是曹操送的，今日见到他这副落魄模样，关羽如何忍心下手？经过激烈的思想斗争，关羽还是放走了曹操，宁可自己去领诸葛军师的责罚。

由于关羽私下里放跑了曹操，曹操这才率领着残兵败将逃到了南郡。南郡目前由曹仁把守，曹仁得知曹操的败军到来，赶紧出城迎接，将曹操等人接进城中。进城安顿下来后，曹操当着众人的面放声大哭，大家都问他哭什么。他说是想念郭嘉郭奉孝，若是奉孝在，安得让我有此大败。大家一听，这是曹操在责怪众谋士没有尽责呢，想想也是，这么大的漏洞，谁也没有事先看出来？在局势一片大好的情况下，遇到了曹军有史以来最大的失败，败得全军覆没，连自己都几乎回不了老家。现在不管怎么说，至少保住了一条性命，没有死在战场上，被主公责怪几句也是应该的。

好在曹操也没过多地责怪大家，毕竟这件事他自己也有责任，既然现在已经逃回来了，还是想想如何挽回损失吧。曹操下令让张辽、李典、乐进守合肥，夏侯惇守襄阳，曹仁仍旧守南郡与荆州的一部分，严防东吴与刘备联手来攻，自己率领部分人马暂回许都休养。

曹操等人一走，果然周瑜率领东吴的军马立即就来攻打曹仁、夏侯惇等人的防地了，好在曹仁、夏侯惇诸将早有防备，经过严防死守，一次又一次地抵御了周瑜的进攻，周瑜虽然反复折腾，但毕竟实力不如曹军，结果还是退回了江东。

这次东吴在赤壁之战中取得了重大的胜利，接下来该享受一下胜利的成果了，直到这个时候，周瑜才意外地发现，自己上当了。当自己率军一次又一次地去与曹仁、夏侯惇交战时，刘备与诸葛亮却悄悄地偷袭并占据了曹军撤离后荆州空出来的许多城池，赤壁之战所取得的大部分胜利果实都已被刘备据为己有。

这件事情让周瑜大为光火，是可忍，孰不可忍？虽然打不过曹仁与夏侯惇，难道我还打不过你刘备吗？周瑜打算立即调转枪头去战刘备，但此时鲁肃出来劝阻，鲁肃说："目前曹操未灭，大敌仍然当前，估计不久就会回来报仇雪恨。我们此时需要与刘备联手抗敌，万万不可自己内部先打起来了，一旦打得两败俱伤，岂非给曹操以可乘之机？"

周瑜想想也对，曹操虽败，但他实力尚存，我们与刘备联手也未必打得过对方，一旦自己内部先打起来，对方趁机来灭了我们，那简直就是轻而易举的事。别看这次赤壁之战曹操败了，但这仅仅是败在他麻痹大意上，不代表他的水平不行。曹操南征北战了半辈子，可谓是身经百战，下一次他若再犯江南，估计就没那么好对付了。所以我们还真不能与刘备彻底翻脸，怎么办呢？周瑜只得让鲁肃先去与刘备交涉一下再说。

曹操返回许都后，所有人都知道丞相这次南征是大败而归，但谁也不敢说什么。在曹操的这次南征途中，许都还发生了一件大事，那就是曹操最重要的大谋士荀彧弃官不做了。关于荀彧的弃官，其他人可能感到莫名其妙，但曹操心里是明白的，他与荀彧年轻时就相熟相交，一直以来都是好朋友。荀彧是当代的大儒，是高屋建瓴的谋略家，在很多方面都给予曹操极大的帮助，尤其是在打败袁绍、统一北方这件事上，荀彧的功勋是卓著的。但曹操心里知道，荀彧之所以全力帮自己，是因为他的心中有一个忠君爱国、匡扶汉室的理想，他作为当代儒家的领袖人物，无论如何不会做反叛朝廷的事，因为儒家最看重身后的名声。

自从平定北方以来，曹操的野心就越来越大了，明眼人都看得出他有僭越的嫌疑，在很多时候明显不把天子放在眼里，这一点是荀彧绝对不愿意跟从的。所以当曹操准备南征时，荀彧已经看出了曹操的野心不可阻挡，他自己作为一个大汉的忠臣，既然无法阻挡，也不愿跟随，唯一的方法只能是弃官以明志了。

曹操对荀彧的离去是耿耿于怀的，他的离去说明了他始终不愿意服从自己。曹操想，其实天道无常，有德者居之，无德者让之，从来就没有规定说天下就该姓刘。而刘姓天下也是从嬴家抢来的，既然刘家可以取代嬴家，那我们曹家为何就不能取代刘家？大汉王朝历经四百余年，快到油尽灯枯的这一天了，我曹家若是有德有能，替代大汉理所应当啊。

可惜这荀彧就是看不透，他匆匆地辞官而去，也说明他事先认为我这次南征之役是必胜的，一旦我大胜回来，下一步就是取汉而代之。但没想到的是，我这次竟然被打败了，几乎全军覆灭，所以大汉还不会完结。荀彧离去得太急了，他想匡扶汉室还有机会的，不过此时说这些话还有什么用，荀彧毕竟已经离去了。他是天下读书人的领袖之一，结果就这样辞官了。另一位天下读书人的领袖是孔融，早就被我杀了，失去了这两位领袖，天下的读书人还能倾心归附于我吗？

想完荀彧的事之后，曹操又开始想自己的事，自己今年已经五十三岁了，年过半百，在此次南征前，他也早有预见，知道这是自己这一生中最后一次平定天下的机会。这一次若能灭了东吴，抓获刘备，夺取荆州，那他在有生之年是可以平定天下并实现改朝换代的愿望的。

改朝换代一直是他心中秘而不宣的终极目标，这件事可以去努力，但事先还真不能说出来。就算他一直没敢公之于众，像荀彧这般明察秋毫的人都已经看出来了，并且还以辞官相威胁，所以曹操始终不说，就算心里再想，表面上仍然坚持做一个汉臣。

但这一次南征的彻底失败，其实已经宣告了他这辈子的终极目标肯定是完不成了，因为他实在不愿意在北方的这一块区域性的领土上称帝，要称帝那必须是全国的皇帝，而不能是局部的皇帝，否则会被人唾骂和嘲笑，就像当年的袁术那样。

想来想去，这次的巨大失败几乎要了他的老命，但凡心理脆弱一点的人估计就吐血而亡了。但曹操觉得他自己最大的优点就是乐观，虽然很多时候他的乐观是装出来的。但就算是装出来，他也必须强迫自己装，因为他手下还有大批跟随者，如果连他都悲观了，让别人怎么办？如果大家都悲观了，那事情就完蛋了，所以就算是硬撑，曹操也要撑住。他力图把这次失败看得很淡，把失去的一切就当从来不曾拥有过，年纪上了五十岁，今后的时间不多了，就算最终要死，现在也没必要急着去寻死。

很快探马传回了大量消息，这次赤壁之战的胜利是东吴方面始料未及的，周瑜面对这突如其来的胜利，一时间也被冲昏了头脑，他忘乎所以地以为自己能乘胜追击，一举将曹操的势力彻底消灭。但是经过后来的数十次战役，周瑜才清醒地认识到曹操的实力远比他想象的要强大得多，就算赤壁之战败了，但东吴想要再从曹军手中夺回一城一池都势比登天，曹操留下的守将曹仁、夏侯惇、张辽、李典、乐进等人一次次地将东吴的进攻打了回去。

结果周瑜不但没能获得新的领土，连在赤壁之战中本该获得的荆州诸郡也被刘备乘乱夺走了，这可把周瑜气坏了，从曹操手里夺不下新的城池也就罢了，怎么连赤壁之战的胜利成果也没他的份？这太令人失望了吧？周瑜一怒之下就要与刘备的军队火拼，结果是鲁肃苦苦拦住了他，鲁肃对他说，目前的局势除非孙刘联盟，否则曹操肯定还会打回来，一旦打回来，如果孙刘联盟不存在了，估计两家都会死得很惨。

鲁肃所说的确也是事实，周瑜冷静下来仔细想想，还真是这么个道理，孙刘联盟暂时不能破裂，但难道荆州被刘备占据就拉倒了？周瑜干脆命鲁肃前去与刘备谈判，看看是否可以通过谈判来争取利益。鲁肃没办法，只得又来到了刘备那里。对于鲁肃的来意，刘备和诸葛亮心里如明镜似的，诸葛亮也认为，以目前的情况来看，孙刘联盟不能破裂。但既要维护联盟，又要保住荆州，这该怎么办呢？

诸葛亮给出的对策是，名义上承认荆州属于东吴，但考虑到刘备目前无处安置，东吴暂时将荆州借给刘备居住，这叫做“所有权与使用权分离”。这一招的确管用，鲁肃首先也是不想与刘备撕破脸的，他也要维护孙刘联盟共抗曹操，所以就接受了诸葛亮的这个建议。至少在所有权上，荆州属于东吴，至于暂借给刘备过渡，这个就容易接受了。而且刘备承诺，他很快将会西进攻打益州，一旦夺取了益州，就将荆州归还给东吴。

鲁肃回去将这一谈判结果对周瑜说后，周瑜心里其实仍然十分不满，但毕竟城池在人家手里，除了派兵去打，还真没有其他办法可以拿回来。一旦将来刘备说话不算数，不去夺取益州，或者夺取益州不顺利，那么荆州何时归还呢？鲁肃对周瑜说："都督你不要着急，我有一个办法可以对付刘备。"周瑜问："什么方法？"鲁肃道："刘备出身草莽，一生碌碌于战场，估计没享受过什么好的生活。我听说主公孙权有一个妹妹名叫孙尚香目前待字闺中，不如我们假意将孙小姐许配给他，把他骗到东吴来软禁起来，然后再逼迫他们归还荆州，岂不是解决问题了？"周瑜一听，觉得这是一个主意，于是同意回去向孙权汇报，看孙权是否能够答应此事。

曹操在东吴的军中及政界安插了无数的耳目，东吴上下的一举一动，除了绝密军情，大多曹操都能获得。这些日子，曹操逐步养好了身子，又开始布局天下大事了，忽然有人来报，说许都的铜雀台已经完工，请丞相抽时间检阅。曹操心想，正好乘这个机会，再次在众人面前亮亮相，重新振作一下军心，彻底消除赤壁之战给大家带来的阴影，于是安排在新落成的铜雀台搞一次大型的比武大会，同时大宴文武群臣。

这次铜雀台大会搞得非常成功，首先是铜雀台巍峨雄壮，气象万千，成为许都地标性的建筑；其次曹操在铜雀台大宴上回顾了自己一生的历程,总结了成功与失败的经验和教训,对未来做出了展望;同时也告诉大家自己没有篡位的野心,自己终其一生誓为汉臣。曹操说:“有很多人以为我贪恋权柄,不愿意放弃手中的军权,但其实我是不敢这么做。我有军权在手,才能为国家办事情,一旦军权不在了,只怕连我自己的性命都保不住。我紧握军权,于公是为了天下的统一安定,于私是为了保全我曹家满门的性命,所以请大家就不要再私下里妄议朝政了。”

曹操既然都这么说了,群臣谁也不敢再说什么,大家只有歌功颂德的份。在比武大会上,曹家的宗亲如曹休、曹真等小将军都崭露头角,其他如曹操的贴身卫士许褚、前军大将徐晃等人都露了身手,大家一扫过去的阴郁,重新振作起来,发誓再次跟随曹操踏上新的征程。

过不多久,来自东吴的探报说,刘备已与孙权的妹妹孙尚香结亲,这样孙刘两家至少在名义上属于亲戚关系了。而这种结亲的招数几乎是孙家拉拢重要盟友的不二法门,在江东凡是重要的成员,都被孙家结成了姻亲,就算不是直接的姻亲,也肯定会是拐弯抹角的姻亲,总之相互之间都是亲戚,这样孙家的地位就稳固了,江东的治理也就方便了。

现在孙权把刘备也发展到他的姻亲队伍中去,直接递给曹操的一个信息就是孙刘联盟牢不可破,让曹操不要再有南征的想法了,大家南北分治，各管各的。但曹操却不是这么想，他认为孙刘两家其根本是利益的结合体，双方的利益是相互矛盾的，根本不可能调和。别的不说，就这个刘备，在许都也住了许久，曹操和他算是相当熟悉的，曹操对刘备的印象就是，他无论如何不甘为人下之人，一有机会就会独立称王。想当初曹操对他那么好，在天子这里都白送他一个皇叔的名分，还是留他不住，他仍是要独立。现在孙权想通过把妹妹嫁给他就把他牵制住，几乎等于做梦。

南征之前，曹操除了担心刘备与孙权之外，另一个重要的心腹大患来自于西北的马腾与韩遂，曹操后悔前一次不该将马腾放回西凉去，现在马腾是征西将军，韩遂是西凉刺史，他们在西凉拥有极为强大的骑兵队伍，实力足以与自己抗衡，如果不把这根刺拔掉，曹操很难全心全意地放手南征。但马腾远在西凉，而且手握重兵，如何才能除掉他呢？贾诩对曹操说："主公，若想除掉马腾，最佳的方案就是以天子的名义将他召来许都，只要他来到许都，一切就不由他做主了。"曹操一听觉得可行，就以天子的名义加封马腾为征南将军，让他率领全家先来许都觐见天子，然后自己再去攻打孙权。

马腾接到曹操传来的天子诏书后，立即就意识到这有可能是曹操的计谋，一旦自己奉旨去了许都，只怕是凶多吉少，但自己既然是大汉的臣子，天子的诏书如何敢不接？不接诏书岂不是意味着造反？马腾叫来了好朋友韩遂，还有大儿子马超，和他们一起商量这件事该如何应付。

马超听说此事后首先发表意见，他说：“爹爹，你千万不可上了曹操的当，不能就这么轻易去许都，一旦去了，只怕就落入虎口啦。”马腾说：“儿啊，这一点为父早就想到了，但我们作为大汉的臣子，难道抗旨不遵？”马超说：“曹贼欺君罔上，儿愿随爹一起率军杀入许都，消灭曹贼，拯救天子。”马腾说：“你可不要小看了曹操，曹操目前的实力远胜于我们，真要是与他交战，我们不一定能胜过他。”

韩遂也说：“曹操南征北战，打仗的经验丰富，有多少地方势力都已被他给灭了，若要与他交战，的确不是一件容易的事，但此事若兄长就这么去了，也不是个好办法。”马腾说：“我若是不去，首先在道义上我们就输了，其次曹操目前大军齐备，他来打我们也有可能，我们目前的实力，根本不可能是他的对手。我若是去了，一方面可以随机应变，另一方面对天子也是一个安慰。”

马超说：“爹爹啊，你不可以不顾及自己的安危，你只身入虎穴，很明显是一条危险之路。”韩遂也说：“兄长请再考虑考虑吧，能不去尽量不去，现在曹操对我们也是很忌惮的，他做梦都想除掉我们，我们不要去冒这个无谓的风险。”马腾说：“我左思右想，毕竟有你们两人还在西凉，我若是去了，马超代替我率领西凉兵马，你们每日里勤加操练，也好给曹操一个威慑，让他顾虑到你们在西凉而不敢对我下手。”马超说：“话虽如此，但曹操此人阴险毒辣，手段无所不用其极，我对他是不相信的。”

虽然马超与韩遂多方解劝，但似乎马腾的心中已有了决定，马腾觉得自己是东汉开国功臣马援的后代，不能到了他这一辈就成了大汉的叛臣。既然有天子的诏书，他还是应该奉诏进京的，至于曹操会不会害他，他的判断是暂时不会，因为曹操会顾虑到他在西凉的儿子马超与好友韩遂。马超与韩遂手中还有强大的西凉军，一旦对曹操发难，也是一件难以应付的事，所以他敢于去许都拼一拼，为的是对天子的忠诚，为的是伺机救援天子的愿望。

马腾嘱咐马超和韩遂，让他们日夜操练兵马，在后方给他做支撑，他自己带着儿子马休、马铁和侄儿马岱等人一起进京，马超与韩遂看说服不了马腾，也只好作罢，最终还是心中忐忑地将马腾送出了西凉，祝福他早日平安回来。

马腾来到许都后，一开始曹操对他还不错，曹操只是想把他留在身边，这样会比较安全，不至于担心西凉军作乱。但马腾到了许都后，以前曾与他有过联系的大臣，比如侍郎黄奎等人立即就来联络他。黄奎一直对曹操的所作所为极其不满，只恨自己手无兵权，无力反抗曹操的暴行。他之前曾与刘备、马腾、董承等人相约灭曹，今刘备逃了，董承死了，只有马腾去而复返，于是黄奎就把灭曹的希望寄托在了马腾身上。经过与马腾的密谋，他们设计了一套刺杀曹操的计划。

黄奎可能是被压抑了太久，因为自己两手空空，啥都没有，虽见曹操横行霸道,但丝毫没有办法。现在总算遇到了手里有兵权的马腾,而且马腾还愿意和他合作,共同刺杀曹操。这既让他欢喜,又让他紧张,刺杀曹操,这可不是闹着玩,一旦失手那就是满门抄斩之祸。黄奎家里的侍妾较多,其中有个小老婆名叫春香,春香恨黄奎平时对她不够体贴,经常趁黄奎不在时,悄悄与黄奎的妻弟苗泽私通。

赤壁之战之后有一天,春香与苗泽正在私通时,黄奎却意外来到了她的卧房,春香只得在慌忙中将苗泽藏到了床底下。春香见老爷进门时面带怒容,以为自己与苗泽偷情之事败露了,心里十分慌张。但几句话说过,发现老爷并非为了她的事情而生气,这心里才算落下了一块石头。

她一边小心翼翼伺候老爷,一边不断拿话来套他,希望确定老爷真的不知道她与苗泽的事,碰巧今天的黄奎情绪特别激动,话里话外就带出了要与马腾联手刺杀曹操的密谋。黄奎本来想,一个妇道人家,整天大门不出,二门不迈的,与她说说也是无妨,毕竟这个天大的秘密压在自己的心里也是沉甸甸的,有点不吐不快。

但没想到的是,床底下还有一个人在呢,他的这些秘密被苗泽听了去,苗泽心想,姐夫这胆子也太大了吧,竟然敢刺杀曹丞相?一旦事情败露,岂不是要满门抄斩?满门抄斩可就意味着连自己也逃不过,这可怎么办呢?

第二天黄奎走后，苗泽与春香越商量越害怕，他们心想，这曹丞相哪有那么容易刺杀？这件事情失败的可能性占大头，一旦失败，他们也没好果子吃，就算成功了，老爷也不见得会飞黄腾达，反正里外都不会有好事发生。他们所需要的，仅仅是就如现在这般平稳的生活而已，可不想去参与什么重大政变阴谋。最后苗泽决定，干脆一不做二不休，去曹丞相那里告密算了，说不定还能获得奖赏呢。

于是苗泽还真的去向曹操告密了，说："姐夫黄奎暗中勾结马腾，打算设计刺杀曹丞相您。"这话可把曹操给吓了一大跳，心想这黄奎吃了熊心豹子胆竟敢勾结马腾来暗杀我？这马腾也不是好东西，本来我并不想杀你，只是想把你软禁在京城，但现在你要杀我，那我可不能客气了，于是立即下令将黄奎抓了起来。黄奎起先还不承认，结果曹操让苗泽出来当面对质，黄奎这才知道自己被这个妻弟给出卖了，气得大骂苗泽不止，但此时已经没用了。

曹操又命人去抓马腾，禁卫军包围了马腾的府邸，马腾见满宠率大批校事府的人闯进他的宅中，立即就知道暗杀曹操的密谋败露了，心想这黄奎办事怎么如此不可靠。马休、马铁纷纷拔剑在手，打算与校事府的人拼命，但毕竟对方人多势众，很快就被缴了械。满宠命人将马腾全家老小全部抓走，但偏偏漏下了马腾的侄儿马岱。因为这天马岱正巧出门办事，没在府里。马岱在外面得知叔父全家被抓的消息后，赶紧化装潜逃，跑回西凉报信去了。

曹操抓了马腾与黄奎之后，严刑拷打，逼着他们供出同谋，但马腾与黄奎抵死不从。最后曹操没办法，只得将他们两家满门抄斩，包括黄奎家告密的妻弟苗泽与黄奎的小老婆春香也一起斩了，原因是曹操打心眼里看不起这种卖主求荣之贼和私通外人的贱妇。

马岱逃回西凉后，将曹操杀了马腾全家的事告诉了马超与韩遂，这下子可把马超给气晕了。他哭倒在地，发誓为父亲报仇，韩遂也过来安慰马超，表示愿意与马超一起倾尽西凉的大军，杀奔许都去为马腾报仇。

曹操诛杀马腾之事传到了荆州，刘备立即找诸葛亮前来商议，刘备说："本以为曹操会很快组织人马再下江南，没想到他在许都竟然惹出了杀马腾的事来。听说马腾有个儿子叫马超，此人有万夫不当之勇，今日他父亲被曹操所杀，马超肯定会倾西凉之兵全力进攻许都，此时我们可以联合孙权，配合马超，从三个方面一起剿灭曹贼，军师你觉得我这个主意如何？"

诸葛亮说："主公此计大妙，就不知东吴方面意下如何，如果孙权也有这样的想法，那我们就让东吴与西凉唱主角，我们虚张声势地协助他们，然后乘机去攻占益州。"两人正说着话，忽然有人来报，说江东的鲁肃来了，诸葛亮一听就对刘备说："看来主公所料不错，东吴果然有这想法，让我去与鲁子敬说吧。"

第六章

西凉出悍将

若要成就某一方面的天才，必须阻止在其他方面分散精力。任何一个人被流放到荒岛五年，身边只带一本象棋棋谱，回来后必是象棋大师。

凡事都不要有“力拼”的想法，迂回和避实就虚才是战胜对手的不二法门，尤其当你面对莽夫时，“力拼”就是用你之短去攻敌之长了。

当遇到让你想不通的事情时，一定要公开告诉你的合作伙伴，征求大家的意见，千万不可一个人放在肚子里，让周围的人去乱猜。

很快马超与韩遂所率领的西凉大军就杀奔许都来了，一路上有许多在曹军控制下的关隘，其中第一站就是长安，这里的守将是钟繇。但钟繇根本打不过马超大军，他的长安城遭受了西凉军狂风暴雨般的攻击，钟繇和他弟弟钟进使出了各种计谋，但每一次都被马超识破。结果钟繇只得困守在长安城中，马超率军包围了城池，困守多日，长安城内坚守不出。这时马超手下的大将庞德对马超说："我们不如假装撤退，让长安城的百姓自由进出，然后我们派人冒充百姓混进长安城去，这样就可以里应外合攻破长安了。"马超觉得庞德说的有理，于是就照做了。

西凉军一退，道上传言马超老家发生了兵变，他们急于回去救援。过了几天仍然没有动静，长安城内的百姓就开始出城砍柴、交易、放牛、放羊了，庞德等人假扮百姓跟着一起混进了城去。到了晚上，马超又率西凉军来攻，庞德等人在城内放火作乱，与城外里应外合，打了钟繇一个措手不及，迅速拿下了长安城。

钟繇失了长安，只得退守潼关，然后急报曹操。曹操获报后，立即命令曹洪与徐晃前往救援，自己率领大军随后就到。曹洪与徐晃率军急忙来到潼关，此时马超的西凉军也已到达，西凉军在潼关门前挑战，曹洪打算开门出战，但被徐晃拦住，徐晃劝说曹洪千万忍耐，等丞相率大军到后再做理论。

但是西凉军在关前不断辱骂挑战，把曹家的祖宗十八代都骂了个遍，曹洪实在是忍不住，一定要出去大战马超，徐晃又是一阵苦劝，但怎么都劝不住。曹洪看这马超年纪轻轻的，说不定比自己还小几岁，竟然在关前大言不惭，将曹家祖宗骂得体无完肤，这口气怎么能咽得下去？

没想到的是，曹洪率军打开关门出去与马超交战，才打了没几个回合，立即感到这马超的武功实在是太高了，自己根本打他不过。但此时知道已经晚了，马超就如风卷残云一般，迅速打退了曹军并一举拿下了潼关，曹洪与徐晃只得带着残兵败将落荒而逃，回去向曹操请罪。

此时的曹操正率领大军连同曹仁、夏侯渊、张郃、于禁、李通等将赶往潼关，半路上遇到了从前方败退下来的曹洪和徐晃，曹操也没有责怪他们，只是将他们合兵一处，再往潼关方向杀来。到了潼关脚下，马超、庞德、马岱已经列队出迎。与曹军对阵后，马超第一个挺枪跃马，出阵大叫："曹贼拿命来！"曹军阵中大将李通出战，才一个回合就被马超刺下马来。夏侯渊、于禁出马接住马超厮杀，马超军中庞德出马挑战，曹军阵中张郃接住厮杀。但大家都没有想到，西凉的马超与庞德竟然十分英勇，夏侯渊、于禁、张郃等人根本抵敌不住，马超、庞德率西凉军直冲进曹军阵中，曹军被杀得一片混乱，连曹操自己都无暇自顾，狼狈逃窜。

马超为父报仇心切，一马当先杀入曹军阵中寻找曹操，好几次几乎与曹操打了照面，结果曹操都在混乱中慌忙避过。直到有一次，马超与曹操正好迎面撞上，这下子马超可就要拼命了，挺枪直奔曹操而来。此时曹操身边只有曹洪在，曹洪舍命护住曹操，与马超激烈交战。曹洪本来是敌不过马超的，但此时曹操就在他背后，他情急拼命，一下子发挥出了无穷潜力，死命挡住马超。但毕竟与马超的武艺差距过大，眼见就要挡不住了，恰巧此时夏侯渊赶到，协助曹洪一起双战马超。接着于禁、徐晃等也陆续赶到，马超眼见对方人多，再打下去只怕要吃亏，只得暂时退了回去。

这下子曹操知道马超的厉害了，不敢再轻易与他交战，开始考虑以智谋取胜。曹操派夏侯渊、于禁、李典等将分头率军绕远路去截断马超的粮道，自己率军与马超相持，坐等马超的军粮耗尽。但马超日日来攻，营寨有点坚持不住，徐晃对曹操说："马超军势凶猛，不如我们退到渭河东岸去避一避他的锋芒。"曹操同意了徐晃的建议，他让徐晃率军撤防到渭河的两边，自己携许褚及亲兵卫队渡河去渭河东岸。

不想探马将消息报给了马超，马超乘曹操撤退之时急速赶来，西凉军极其凶悍，曹军有点抵挡不住，许褚急忙带着曹操乘上小船准备渡河逃命。小船还没驶出多远，马超及西凉军就赶到了渭河岸边，马超看到曹操欲乘船逃走，就在岸边令军士们万箭齐发，顿时将曹操船上的船夫与众多卫兵射死，小船无人驾驶，就在江中打起了转转。许褚一看情况不对，他让曹操趴在船底，自己一手执盾牌避箭，一手拿篙撑船，勉强将船驶离了西凉军的弓箭射程。马超大怒，问周围谁认识船上撑篙之人，有当地向导告诉他，此人乃是曹操的亲随大将许褚，绰号“虎痴”。

曹操退到了渭河对岸，准备重新修筑防御工事，以抵御马超的进攻，但没等曹军的防御工事筑成，西凉军就杀到了，一阵冲杀，将曹军刚筑到一半的工事全都捣毁了。曹操大怒，连夜又令军士继续修筑工事，同时在工事前挖下陷坑，以防西凉军再次来攻。果然还没等曹军将工事建成，以韩遂、庞德为首的西凉军又一次杀来了，一通砍杀后，庞德不慎跌进了陷坑，四周的曹军正准备上前抓捕庞德，只见他从陷坑里一跃而起，如疯魔一般挥刀砍翻周围的曹军士卒。这一举动把大家都吓坏了，心想这庞德真如天神下凡，不是一般人能对付的，结果曹军的防御工事还是没有建成。

曹操心里烦恼，心想我的营寨算是立不起来了，如果建不成防御工事，我就不能在这里扎营，必须还得再向后退才行。这时正值隆冬，一到晚上北风呼啸，气温急剧下降，河水成冰。曹操忽然灵机一动，想出了修建防御工事的好办法，他让士兵们先堆土堆形成城墙的样子，到了晚上就往上浇水，水遇冷结冰，一个晚上就建成了一座冰墙。

第二天早上，马超又亲率大军来攻，结果发现曹营竟然一夜间建起了一座高高的冰墙，这让他大吃一惊，暗想曹操这是得了天助，于是在冰墙下大呼："听说曹操帐下有虎侯许褚，敢不敢出来打一仗？"许褚此时正在曹操身边，听马超这么说，马上就要出去与他厮杀，曹操急忙拦住，说："马超勇猛，不弱于吕布当年，不能轻易出去和他打。"许褚听曹操如此说，心里极为不服，眼见这马超长得面白唇红、细皮嫩肉的，怎么敢与我比？我若是连这小白脸都打不过，还用在曹营里混吗？想到这里，许褚一声怒吼，披挂上阵，出城要与马超对战。

马超见许褚果真出来了，也提起精神，摆开阵势，两将让双方军士们各自退开，腾出一个开阔的场地来，许褚大喝一声："来吧！小白脸。"马超却没说什么，两人双骑就战在了一处，两将刀枪并举，来回大战了一百多个回合。许褚犹如猛虎下山，马超好似蛟龙出水，直打得天昏地暗，日月无光，双方战阵上把战鼓都锤破了，还是没分输赢。马超正打得起劲，忽然许褚拨转马头，跳出了战圈，回头对马超说："且住,我回去喝口水再战。”于是马超就停了下来,只见许褚回到自己的阵中,喝过水后,脱下了身上的重铠,光着膀子提刀上马,再次出来与马超对战。

古人打仗一般都要穿着铜盔重铠,虽然身上很重,行动不方便,但毕竟安全,许褚脱去了头盔与铠甲,顿时浑身轻松自在,可谓身轻如燕,挥洒自如。马超却没这么干,还是盔甲整齐,双方再次交战,又打了六十几个回合,许褚一刀砍过去被马超挟住了,马超一枪刺过来也被许褚拿住,两人一起用力,“崩咔”一声,双方的刀枪齐断。

眼见两人就要徒手搏斗,曹操立即命令夏侯渊、于禁出去救援,马超阵中庞德、马岱也出来救援。双方各自后退,但马超兀自不肯罢休,接过其他人递给他的长枪又要上前继续与许褚交战,但许褚这边不想再打了,于是马超下令军士们射箭,许褚由于光着膀子,手臂上接连中了两箭,退回了曹营之中。

经此一仗,曹操对马超刮目相看,在两军阵前,马超大战许褚,虽然双方表面上不分胜负,但许褚毕竟样子难看了,最后还中了两箭。这么说起来,靠武力硬拼,想打赢马超估计困难。从常理上来说,武力超群的人一般智力总是不足,如果有谁武力与智力双双领先,那他就无敌了,其他人直接认输是最佳选择,但马超应该不是这样的人,所以可以试试智取。

忽然有探马来报，说马超与韩遂兵分两路，一左一右从两侧向曹军发起攻击，曹操一听立即就感觉到机会来了，他立即命令夏侯渊、于禁、李典等将去左侧阻拦马超的进攻，不要出去真的和他打，只需守住城墙，不让马超攻进来即可。自己率领许褚等人来到右侧去会韩遂，曹操来到右侧见韩遂的西凉军一字排开，在城外叫阵，于是亲自率军出城。到了阵前，曹操单马独骑走出阵来，点名叫韩遂阵前搭话。韩遂一看曹操是一个人出来的，想想也不会有事，就也一个人骑马过来，与曹操在阵前先说几句，听一听曹操有什么想法也好。

没想到曹操与韩遂在阵前一句也不提打仗之事，而是絮絮叨叨地一味叙旧，韩遂见曹操尽找一些没要紧的话说，也不知他葫芦里卖的是什么药，于是也就跟着敷衍，要看看究竟曹操打算如何。结果曹操仍是对往事谈笑风生，说天说地就是没说到正题，两个人谈了好一会，看看实在也谈不出什么来，于是这才分手各回各队。韩遂本意是要准备厮杀了，但没想到曹操归队后立即收兵回营了，根本不与他交战，韩遂闹了个莫名其妙，于是也只好收兵回营。

韩遂回到营寨后，过不了多久，马超就亲自过来询问，说："今天据说叔父与曹贼在阵前聊了很久，似乎两个人都很开心，不知究竟说了些什么？"韩遂听马超这么一问，竟然无言以对，他只得对马超说："其实我们也没聊啥，曹操只是说了些旧日往事，至于目前的战况一句也没提到。"韩遂这么说，固然是实话，但马超的心里却犯嘀咕了，他心想怎么可能有这种事？大战打到一半，两军统帅在阵前闲聊家常？不会吧，是不是叔父有啥隐秘不肯告诉我？但见韩遂实在是说不出什么所以然来，也只得满腹狐疑地回去了。

马超虽然回去了，但心里的这根刺却始终没有拔掉，他总对曹操与韩遂阵前聊天的这件事耿耿于怀，于是暗中派人监视韩遂营中的一举一动。过了没几天，曹操派人给韩遂送来了一封书信，韩遂一点心理准备也没有，拆开书信一看，更是觉得莫名其妙，只见曹操的书信中涂涂改改，欲说还休，在一些关键的地方都用笔将字迹抹去，韩遂一时间没明白曹操的用意，他想难道曹操误将草稿给寄来了？正在犯疑间，忽然马超获得消息后赶来了，马超直截了当地问韩遂："叔父，听说曹操给您来信了？不知信中怎么说啊？"

韩遂看马超气急败坏的样子，心想我并没有做任何对不起你的事，于是很坦然地将曹操的书信递给马超看，马超一看就感觉不对，对韩遂说："叔父，曹操的这封书信怎么如此涂涂改改？"韩遂说："我也不知道啊，他寄来时就是这样的，我还在怀疑是否曹操将草稿错寄过来了。"马超说："我听说曹操此人为人十分精细，怎么可能将草稿错寄过来呢？而且这封书信上但凡有重要字句的地方都被涂抹了，难道叔父与曹贼有啥不可告人的密谋吗？"

韩遂指天发誓说："马超侄儿，我对天发誓，绝对没有与曹贼有任何密谋。"但无论韩遂如何分辩，马超总是不信，最后韩遂只得对马超说："要不然这样，明天一早，我与你一起去邀战曹操，你躲在阵中，我去请曹操出来搭话，只要曹操出来，你就杀出去刺死他，怎么样？"马超说："可以，如果能够杀了曹贼，足以表明叔父的心迹。"

第二天，韩遂率军前往曹军的营前点名邀约曹操出来搭话，马超就躲在韩遂的营中，没想到这次曹操并没有出来，而是派了一位随从过来对韩遂道："丞相说他今天就不见你了，咱们还是按照约定的方案办吧。"说完就回去了。这下子可把马超给气坏了，他想原来韩遂果然与曹操有暗中的约定啊，于是直接就从阵中杀了出来，要一枪刺死韩遂。韩遂身边的众将急忙来劝，大家好说歹说才把马超给劝了回去，但马超一路骂骂咧咧的，骂韩遂忘恩负义，背叛父亲马腾，与曹贼暗中勾结，势必杀之。

韩遂被众将劝回到营寨后，也是越想越生气，想这马超怎么能如此对自己呢？他毕竟是自己的晚辈，理应对自己尊敬有加，怎么可以胡乱怀疑，在阵前公然要砍要杀的，像什么样子？再说我这次来，主要是为马家报仇雪恨，怎么马超能对我如此无礼？他越想越不爽，身边的几个亲信也添油加醋为他鸣不平。

有人说："曹丞相毕竟没有对我们韩家有啥非礼之处，对马家不好，是因为马腾要刺杀曹丞相，曹丞相是被迫反击的。"有人说："看马超这么年轻气盛的模样，我们出生入死来帮他报仇，他还对我们疑神疑鬼，要砍要杀，我们何必呢，真还不如杀了马超，投降曹丞相算了。”还有人说：“曹丞相毕竟是朝廷的丞相，他代表朝廷，怎么说都是名正言顺，我们帮助马超这个无礼小儿能有什么前途？”

他们正在帐中你一言我一语地讨论呢，没想到马超竟然独自悄悄地来到了帐外，听到帐内众人如此说法，认定了韩遂一伙必然要反，于是不由分说，拔剑闯了进去，见人就砍。韩遂等人措手不及，见马超举剑砍了过来，韩遂不自觉地抬手去挡，结果马超一剑砍断了韩遂的右臂。其余人这才反应过来，纷纷拔剑与马超对战，马超见对方人多，只得先撤回了自己的营寨，双方点起了大军相互厮杀，顿时西凉军打西凉军，整个军营内讧了起来。

两支西凉军经过一番内讧，自相残杀，死伤大半，韩遂等人眼见局面无法挽回，只得匆忙投奔曹操而去，曹操还算客气，他接纳了韩遂等人来降，然后派兵追杀马超部。此时的马超不但失去了韩遂的协助，而且自己的军队也被打得所剩无几，自然是打不过曹军，被曹军一阵猛杀，马超眼见敌不过，只得率领残部败逃而去。

这下子曹操总算是除掉了西北最大的心腹之患，从此在北方再无能与他抗衡的势力了。但有些事情并非如他所料，虽然西凉军完蛋了，但不久之后在西北的汉中地区，又出现了一股反叛势力。这支势力的首领是张鲁，张鲁的祖父是张陵，张陵的祖上可追溯到西汉的开国元勋张良。张良传到第八世才传到了东汉的张陵，张陵以修仙为己任，开创“正一教”，奉太上老君为始祖，后来“正一教”又名“天师教”，而张陵被称为“张天师”，“天师教”后来演变成了道教，于是张陵还被称为“张道陵”。

相传，张陵自东汉第七位皇帝汉顺帝刘保的汉安元年在蜀地得太上老君传授心法后，能够呼风唤雨，降妖捉怪，医治百病，渡人成仙。他在巴蜀地区开创了“五斗米道”，入会者需缴纳五斗米作为会费。后来跟随他修道之人越来越多，他就在江西龙虎山创立了道教，影响了中国两千多年。

张鲁是张陵的三世孙，是“天师教”的第三代天师，在汉中一带信众极多。原本西凉的马腾父子对张鲁等人是一个威胁，现在马腾父子完蛋了，张鲁感觉无人可以压制自己，于是就和身边的人商议，说：“不如我在汉中就自称‘汉宁王’吧。”张鲁身边的谋士阎圃对他说：“汉中虽然十分富足，但无险可守，而我们附近的益州，现在是刘璋在管辖。刘璋此人昏聩无能，如果我们乘机袭取了益州，那里沃野千里，国富民安，又有蜀道天险，易守难攻，到那时再称王，把握就大多了。”张鲁一听觉得很对，于是就和他弟弟张卫一起操练兵马，准备去攻打益州。

益州的刘璋听说此事后，感到有点害怕，张鲁一旦真的打过来，益州似乎没有合适的军力前去应对，原因就在于益州本是天府之国，民殷国富，很久没有打过仗了，无论是军队还是武将都不太行，对打仗没经验。正当刘璋不知该怎么办时，他身边的一个人过来向他提建议，刘璋一看，原来是别驾张松。张松此人，博闻强记，才华横溢，但长相十分丑陋，五短身材，凸额暴牙。可刘璋并不嫌张松丑陋，而且还很赏识他的才华，所以让他担任别驾之职。别驾这个职务在一个州里的地位还是很高的，州刺史出行时，他能有自己单独的马车，所以称之为“别驾”。

虽然刘璋不嫌弃张松，但张松却嫌弃刘璋，他总认为刘璋暗弱无能，不可成大事，所以老想着明珠他投，另寻英主。这次看到刘璋为张鲁有可能来袭而烦恼，张松立即走上几步对刘璋说：“主公您毕竟是汉室宗亲，如今的局势下，我看只有曹丞相才有匡扶汉室的能力与决心，不如我们去联合曹丞相，只需他出兵协助，张鲁就不敢前来攻打益州了。”

刘璋对曹操也是久有耳闻，现在听张松这么一提，就有点感兴趣了，他问张松：“但我们与曹丞相并不熟悉，如何才能让他出兵来帮我们呢？”张松说：“这样吧，干脆我就去一趟许都，亲自去和曹丞相说这件事。”刘璋想想也好，就让张松去试一试吧，看看曹操是怎么想的，会不会派兵协助我们阻止张鲁前来攻蜀。

张松之所以提议由他亲自去见曹操，其实是怀有私心的。他一直听说曹操海纳百川，广招天下贤士，因此他就有意想去投奔曹操，既然要去投奔，总得备些见面礼，于是张松很早以前就悄悄地绘制了一幅“西川地形图”。西川也就是益州，属于今天的四川省，古话说：“蜀道难，难于上青天。”蜀中山川环绕，易守难攻，若无一张明确的地形图，外界的军队很难攻进来。张松前些年就悄悄地绘制了这张地图，说明此人的心机深沉，早就有了出卖益州给其他君主的准备。

张松平时也在观察其他各路诸侯的起起落落，最终他比较后觉得，还是曹操更有统一天下的可能性。既然想择主另事，肯定要选最强大的，这样也算是一劳永逸。反正在张松看来，刘璋肯定没啥出息，迟早得被人取代，与其被动等着失败，还不如早做打算，省得到刘璋落败的那一天，自己也成了败军之将，无所归依。

这次汉中的张鲁声称要来打益州，这正好给了张松一个借口，他就以此为契机，带着“西川地形图”远道拜访曹操，准备向他出卖益州。等张松好不容易来到许都时，正巧曹操这些天非常忙，张松在许都又没有什么高层关系，所以始终轮不到机会与曹操见面。张松在相府门口候了好多天，给了门房不少红包，直到十天之后，才总算轮到了一个进见曹操的机会。

虽然很无奈，但张松毕竟是一个高傲的人，而且这次自认为怀揣重宝，准备卖出个好价钱，所以见到曹操后也没有过于殷勤，只是不卑不亢地作了个揖。曹操此时正处在战胜马超，平定西凉的兴奋中，觉得自己怪不错的，有点飘飘然，他见张松一点礼貌都没有，而且长相十分丑陋，于是也不怎么看得上他，仅仅随意问了问，说：“益州的刘璋为何不主动来归顺啊？”张松听曹操语气十分傲慢，心里也是不悦，为了显示自己的身价，别让曹操看扁了，他也故作傲然地回答："刘益州本就是大汉宗亲，他好好地在益州坐镇着，怎么谈得上'归顺'二字？"

曹操一听大怒："刘璋不服朝廷管辖，你没见吕布、袁绍、马腾的下场吗？"张松道："他们都死了，但孙权还活得好好的。"曹操一听，心想这益州来使胆子好大啊，别人见到我都是唯唯诺诺，满口颂扬之词，怎么他敢如此顶撞于我？而且还哪壶不开提哪壶，简直是岂有此理！你若是长得好看一些吧，还情有可原，但就你这副德行，还不知天高地厚。想到这里，曹操站起身来，一转头拂袖而去，把张松给晾在那里了。

张松原先在益州时，常常听说曹丞相求贤若渴，唯才是举，他一直认为曹操是一个心胸广阔的英雄豪杰，所以这次特地前来拜见，目的就是为了投靠他。只是为了给自己赢得一个好价钱，张松才不得不故弄玄虚，显得自己是有身份的，想引起对方的重视。没想到这曹操的求贤若渴也是有阶段性的，当他处于事业低谷时，当然求贤若渴，一旦他有所成就，志得意满时，就变成以貌取人了。这段时间恰巧遇到曹操春风得意，他一点也不在乎有没有能人前来辅佐，于是就慢待了张松。张松一声长叹，心想这次算是白来了，没想到曹操是这样一种人，真是闻名不如见面，既然如此，那就走吧。

他刚要离开，忽然旁边有一位面白貌端，书生模样的人叫住了他，此人自称是杨修，他问张松："为何就这么轻易得罪了丞相？刚才说话就不能客气一点吗？"张松此时也不再掩饰，他气鼓鼓地说："我们蜀中就没有阿谀奉承之人。"杨修看他很有个性的样子，对他来了兴趣，于是邀请他到旁边小会客厅里坐坐，两人再交谈几句。张松心想反正来都来了，再谈几句也是不妨，于是就和杨修一起去小会客厅交流。

来到会客厅坐定，杨修就问张松，说目前蜀中的情况如何啊？张松道："蜀中很好啊，物产富饶，民风淳朴，大家都过着安详的日子。"杨修又问："在蜀中如先生你这般有才学的人多吗？"张松道："在蜀中比我强胜百倍的，大概有几百人，和我差不多的，那就数不胜数了。"杨修一听，心想在曹营之中，我一直算是机辩之士，口才加聪明是我的强项，没想到今天竟然遇到对手了。这个张松算是打破了我对蜀中人士的看法，我原来一直以为那里的人学问都不怎么样，今日一见，似乎不对，蜀中之士水平可以啊。

想到这里，杨修立即感到刚才曹丞相对这位张松先生太过怠慢了，于是想替丞相补个台面，他对张松道："张先生，刚才丞相慢待你了，真是对不起，他最近事情太多，忙得有点乱了。"张松听杨修这么说，虽然缓过一点气来，但仍然对曹操很是不满，乘机就抱怨几句，说："曹丞相并不如我以前想象的那样有真才实学，这么看起来，他打了那么多的胜仗，只怕靠的都是运气吧。"对张松公开质疑曹操能力的说法杨修就不赞成了，不管怎么说，他对曹丞相是五体投地佩服的。

为了让张松也佩服，杨修从衣袋里摸出了一本书递给张松，并且对他说："张先生你可不能这么说丞相，我们丞相那是文武全才，不但善于打仗，还能写书，这本《孟德新书》就是丞相所写，总结了丞相多年征战的经验与体会。"杨修将这本书拿出来在张松面前炫耀，就是想为曹丞相挣个面子，好让蜀中人士知道知道丞相的厉害。

但没想到张松拿在手上随便翻了几页，立即对杨修说："杨先生你说此书是曹丞相亲笔所著？"杨修道："那是当然，这还能有错吗？"张松道："不见得吧，此书乃是我们蜀中三岁孩子的识字课本，蜀中孩子个个会背，不信我背给你听听。"杨修一听此话，大吃一惊，心想怎么这般耳熟，难道此人也是世间罕见的高人吗？我真有点不信了，于是说："行啊，那你背背看。"

于是张松毫不含糊，一字一句清清楚楚地将《孟德新书》全部背了下来。杨修直呼"神了"，天下除了他自己外，竟还有这种过目不忘的奇人，看来自己的这个本事也不独特啊。但这种奇人一定是不可多得的，他立即对张松道："张先生稍坐，我立即去向丞相汇报，他慢待高人了。"

杨修来到后堂见到曹操，杨修道："主公，今天你为何慢待了张松？"曹操说："张松此人一点礼貌都没有，我不喜欢他，所以慢待了他。"

杨修道:“主公以前尚且能够容忍祢衡,今日却不能宽容张松?”曹操说:“祢衡毕竟是有才学的,这张松怎能与他比。”杨修道:“丞相你可能不知,张松的才学也是极高的,刚才他质疑丞相您的本领,我拿出了您的《孟德新书》向他炫耀,没想到他竟然说这是蜀中儿童的识字课本,他从小就会背,于是还真一五一十地全都背下来了,如此奇人,不挽留可惜啊。”

曹操听后哈哈大笑,说:“张松也会这过目不忘的本事啊,但这本事你不是也有吗?他这个人我怎么看都不顺眼,要不然这样吧,明天我在校军场操练军马时你把他带来观摩,他毕竟是文人嘛,说不定能被吓住,只要他服软,我可以善待他。”杨修一听觉得可行,他想毕竟也要给丞相搭一个台阶下嘛,丞相也是要面子的人。

第二天,杨修带着张松来到了校军场,曹操正在这里操练大军呢,杨修与张松就坐在旁边观看。只见曹军军容整肃,仪态威严,骑兵步兵刀光剑影声势浩大。曹操坐在高台上得意洋洋,斜着眼睛看着张松,他心想,张松毕竟是个文人,应该没见过如此盛大的场面,一旦他被吓住了,出口服软,那么我还可以挽留他一下。

但是看来看去,似乎没见张松有啥害怕的表情,曹操实在忍不住,主动问张松:“张先生你看到我军如此军威感觉如何啊?过不了几天,我就会挥师南下去荡平益州。”没想到张松此人还真有点硬骨头,他竟然丝毫不怕曹操的威胁,见曹操向他发问,于是就坦然回答道:

“曹军当然厉害,就像当初濮阳遇到吕布被打得抱头鼠窜,赤壁遇到周瑜被杀得丢盔弃甲一样。”曹操一听顿时气炸了,心想已经很久没人敢当面如此讽刺他了,这张松难道是不想活了？立即就下令将张松拿下,推出去砍了。

杨修在旁边一看急了,他还是很欣赏张松的才华的,于是立即上前为张松求情,说:“主公,请手下留情,张松毕竟是从益州过来朝见的使者,杀了他对丞相的声望不利,既然他礼数不周,那就赶他走吧。”曹操见杨修求情,想想也就算了,于是让人将张松乱棒轰了出去。

张松万万没想到,这次来许都见曹操最后落得这么一个结果,他气急败坏地回到驿站,整理完衣物就要返回成都。但临行前又想,此时出使许都,是带着主公刘璋求救兵的任务来的,现在救兵没有求成,若是空手回去,岂不是没法交差了?但眼见曹操这个样子,又能怎么办呢？想来想去,要不然去找刘备看看？虽然刘备比曹操远远不如,但总也算是一个人物,万一刘备愿意发救兵,也比没有救兵强。想到这里,张松就往刘备所在的荆州方向去了。

第七章

蜀使忙筹划

员工最怕的就是公司老板不作为，因为老板手下的员工都希望能跟着他有所成就，一旦老板不行，员工们必然心生异志。

一个成功人物最难做到的是保持谦恭之心，如果能做到，那他的成就还能翻好几倍，但很多英明领袖到了最后往往固步自封，自我陶醉了。

礼下于人，必有所求，认准一个目标，然后敢于投其所好，往往能换回自己想要的东西。锲而不舍的普通男生追求美女的成功率会高于三心二意的高富帅。

受命于天

张松一路走一路思索，他心想不知这刘备是何等样人？他号称“皇叔”，江湖传言他爱民如子，民望极高，会不会像曹操那样名不副实呢？不要到时候见了面才知道他也只是徒有虚名而已。如果又是这样，那我这次出来搬救兵的任务就彻底搞砸了，总不见得去江东向孙权求救兵吧。

正当张松往荆州方向来的时候，刘备在荆州城中与诸葛亮及庞统等谋士正商量此事呢。诸葛亮与庞统很早以前就是好朋友了，这次赤壁之战过后，庞统也投奔了刘备，刘备对他非常看重，目前是军中的副军师。

诸葛亮说：“据探马来报，益州别驾张松在曹操那里碰了壁，现在正往荆州方向而来。不用问，一定是来我们这里求救兵，这是个千载难逢的好机会，因为我们本来就打算去夺取益州，目前正需要有这么一个内应。”庞统也说：“张松此人应该早有背叛刘璋之心，他这次去许都，本意一定是想向曹操出卖益州。但曹操慢待了他，平白无故失去了夺取益州的好机会，他现在来我们这里，我们万万不可掉以轻心。”

刘备说：“照两位军师看来，我们该怎么办呢？”诸葛亮说：“我们当然要表现得与曹操截然不同，曹操慢待他，我们就要热情地款待他，让他感觉到我们的真诚。”庞统道：“以我的猜想，这张松或许还能给我们提供一些益州内部的绝密情报，如果能得到他的帮助，对我们夺取益州可谓事半功倍。”刘备说：“既然这样，那我们这次就高规格地接待张松吧。”

此时的张松刚走到距离荆州还有十里左右的地方，忽然他看到前方有一队人马在路边等着，张松很好奇，不知对方是什么人。走近一看，全是荆州的军士，为首的是一位年轻英俊的将军，他见张松走近，就上来问道：“请问您是张松张先生吗？”张松说：“是啊，你是……？”年轻将军说：“我是刘备手下的赵云赵子龙，特地在此迎候先生您。”张松大吃一惊，问道：“你就是那位在长坂坡杀了七进七出的常山赵子龙？”赵云道：“对啊，正是在下，我主刘皇叔得知先生回益州将要经过此地，特命我在此等候，务必请先生去我们荆州做客。”

张松一听，刘皇叔竟然这般客气，还派大将赵云迎出十里地，顿时大为感动。赵云趁热打铁，对张松说："刘皇叔知道张先生在道上肯定有些饥渴了，让我在这里备有酒菜，请张先生先喝上一杯。"说着抬手一指，张松见道旁树荫下已经摆上了一桌酒菜，他想这刘备待客倒真是热情，半路上都想着我是否饥渴了，他看赵云无比殷勤，于是也没推托，就与他一起在道边吃喝了一顿，酒足饭饱后再上马继续赶路。

走到距离荆州大约三里地时，又见道旁有一队人马等候着，赵云赶紧给张松引见。这次出来等候的大将是关羽关云长，这让张松又是大吃一惊，关羽关君侯那还了得？竟然也迎出了三里地，张松这个感动啊，简直无以言表，关羽见了张松也非常客气，说了许多仰慕之词，然后陪着张松一起向荆州进发。

走到荆州的城门外，只见刘备亲自率队出迎，诸葛亮、庞统都在旁边陪着，众军士排列两侧，旌旗招展，吹吹打打，作热烈欢迎状。张松一看，眼泪可就落下来了，他想真是不比不知道，一比吓一跳啊。刘备与曹操，简直一个天一个地，差别这也太大了吧？他赶紧走近几步，刘备也迎了上来，与张松相互作揖，诸葛亮、庞统等人都上来见过，互道仰慕，客套话说过后，刘备与张松携手揽腕，一起步入荆州城。

刘备将张松请进荆州府衙后，大摆筵宴，隆重款待，诸葛亮、庞统作陪。席间刘备尽说些客套话，说对张松仰慕已久，只恨平生无缘相见，今日得会，真是万千之喜。张松觉得刘备所说有点过头，自己虽说有些才学，但久居益州，很少到中原各地来，刘备又没去过成都，他怎么可能对自己如此仰慕？但是千穿万穿，马屁不穿，刘备尽挑些他爱听的话说，张松听在耳朵里毕竟受用。

诸葛亮与庞统也一再称赞张松高风亮节，不被曹操的威势所吓倒，豪气干云，敢于当面与曹操叫板，实在是英雄本色，给读书人长脸。张松也觉得自己当时在曹营中是够胆色，尤其是在曹操的校军场，面对十万大军不为所动，直面曹操的杀气神色不改，自己回想起来都够英雄。更何况现在被诸葛亮与庞统这么一吹捧，他更是飘飘然，觉得知我者伏龙、凤雏也，在刘备这里他算是找到知音了，大家相谈甚欢，越说越投机。

张松对刘备说："皇叔如此英雄人物，为何困于荆州呢？难道不打算向西再发展发展？"刘备明知他指的是什么，但就是不接茬，只是说："我刘备其实没什么野心，能够在荆州有一块立足之地已经很满足了。"张松道："哎，刘皇叔你过谦了，人家杂姓家族都割地封侯，你还是汉室宗亲呢，怎能没有属于自己的一块地方？"刘备说："我想是想，但哪里有呢？目前这块地方还是从东吴那里借来的，哪一天东吴要我归还，我还是无家可归。"张松道："益州沃野千里，易守难攻，何况还民风淳朴，粮食足备，这岂不是一块风水宝地吗？"

刘备心里知道张松想说啥，但他就是会装，要装得自己一点觊觎之心都没有，他说：“益州虽好，但毕竟是我同宗至亲刘璋的基业，我怎么可以有非分之想呢？”张松道：“刘璋本身的能力太差了，根本管不住这片地方，与其被曹操得去，还不如皇叔你占领更加名正言顺。”刘备说：“不可啊，我一向以信义为本，从来不做对不起人家的事情，如果我夺取了同宗基业，岂不是被天下人耻笑？”

这时诸葛亮在旁边也说话了，他说：“子乔（张松字子乔），就算我们有这个想法，但难在益州没有熟人做内应，益州的山川地形险要，若无向导引路，外人极难走得进去。”张松道：“孔明不必多虑，张某虽不才，愿为内应。”诸葛亮说：“多谢子乔好意，但就你一个人，只怕实力不够啊。”张松道：“我在成都还有两个好朋友，一个名叫法正，另一个名叫孟达，此二人也可为内应。”旁边的庞统接着说话：“既然子乔如此尽力，主公你就别再推让了吧，天予不取，反为其害。”刘备见大家都这么说，于是也就默认了。

张松道：“蜀道虽难，但我有一宝相赠，有此宝物，取蜀易如反掌。”刘备不解地问：“是何宝物如此神奇？”张松粲然一笑，从袖子中拿出了一幅帛卷，在刘备面前慢慢展开，诸葛亮与庞统一看，都是一声惊呼：“西川地形图！”这可真是一件天大的宝物啊，有了这张地图，入川相对来说就容易了许多。诸葛亮与庞统接过地图来仔细观看，只见图上对于益州各地的山川、峡谷、军备、布防、城池、粮草一一注明，非常实用，有了这张图，益州几乎就算是单向透明了。

庞统立即对刘备说："主公，天赐子乔给我们，有了这张图，夺取益州我们就已经成功了一半，赶紧下决心吧，错过这个机会，以后只怕就难了。"诸葛亮也说："士元说得对，主公你就下决心吧，否则曹操一旦打过来，我们就没立足之地了。"刘备见两位军师都这么说，于是也慨然应允道："那好吧，就劳烦子乔为内应，先一步在益州做些联络工作，我们整理一下军队，以协助季玉（刘璋字季玉）抵抗曹操为名，马上进军益州。"

曹操在荆州和江东都埋伏有暗探，刘备与孙权那里的情况一点都逃不过他的耳目。这一天他接到探报说，张松原来身携一张"西川地形图"，本打算来投靠自己，结果却被自己给慢待了，张松怕回去没法交代，于是另投了荆州的刘备，将这张地图给了刘备。

这件事情让曹操后悔得觉都睡不着，无数次暗地里自责，怎么就如此慢待张松呢？这张地形图要是落在我的手里，取益州岂非手到擒来？可惜了，可惜了，竟然白白便宜了刘备这个大耳贼。

照这么看起来，刘备取益州是箭在弦上了，益州一旦被刘备所得，那他的羽翼就算是丰满了，自己再想捉拿他势比登天。怎么办呢？现在唯一的办法就是能不能赶在他的前面，首先兵伐益州，如果能先一步占领成都，那么就不惧怕刘备来袭了。只是手上没有地形图，进攻益州可不容易啊，听说那里栈道环山而建，很多关隘狭窄到只允许一人通过，大军无法一拥而上，真可谓一夫当关，万夫莫开，这可有点伤脑筋。

荀攸对曹操说:“主公,目前看这天下,其实只剩东吴与西蜀这两块地方未归朝廷直辖了。刘备在荆州虽然颇为棘手,但毕竟是小问题,以他目前的实力,还不能与我们相提并论。只是东吴自从赤壁之战后,一直有坐大的趋势,我们若去攻打刘备,东吴必然前来协助,这对我们就很不利了。”

程昱说:“目前刘备娶了孙权的妹妹, 已经成为孙权的妹夫了,两家算是联姻之亲,这符合孙权一贯的做事方式。只要是有用之人,总要将他发展为亲戚,我看孙家的所有女性,都是为政治婚姻准备的。”

刘晔道:“东吴目前处于强盛期,急切间难以战胜,必须要等待时机。而西蜀的刘璋孱弱,其政权摇摇欲坠,基业不稳,如果刘备抢在了我们前面夺取成都,那么天下就会变成三分割据的形势了,我们不会再有绝对的优势。到那时,只怕这三分的局面会持续很长时间,甚至不是我们这一代人能看到结果的。”

荀攸说:“从我们这里出发,如果去攻打西蜀的话,只有两条路可走,一条是向西经过汉中,汉中目前是被张鲁占据,张鲁此人容易打,夺取汉中应该问题不大,有了汉中为基地,我们就可以向南经岐山进攻西蜀。另一条路是经过荆州,从东向西攻打,但这样一来就必须先消灭刘备，夺取他的荆州。而荆州在名义上目前属于东吴，一旦荆州之役打起来，东吴与刘备必定联手，又会再次形成赤壁之战的局面。”

曹操一听，立即说：“既然这样，那还是先去打汉中吧，至少张鲁容易打，我可没有兴趣再与孙刘联手打一仗。”

曹操一方面整顿兵马打算西征张鲁，另一方面继续侦察刘备与孙权的动静。原来刘备自从与张松商量好夺取益州的方案后，立即就开始了行动的准备。他要亲自领兵前去成都面见刘璋，虽然要去成都了，但荆州却不能丢，必须安排大将镇守。

两边的人员如何分配，想来想去，刘备选择庞统、黄忠、魏延等人先期随他一起去成都，留下诸葛亮、关羽、张飞、赵云等人驻守荆州。想法虽是如此，但夺取益州不是小事，那是一个战略大转移，需要做的准备工作非常多，刘备下令大家分头准备起来。

自从张松回到成都后，他向刘璋汇报，说自己这次去见曹操，没想到曹操此人闻名不如见面，他其实就是个篡汉之奸贼，挟持天子为所欲为。照这个情况看来，大汉的江山迟早会被曹操给吞并，所以我们不能与他这样的人同流合污。

刘璋听张松如此说，急忙问道：“既然曹丞相如此不可依靠，但目前张鲁威胁逼近，我们可怎么办呢？”张松道：“我在回来的路上遇到了信义满天下的刘备刘皇叔，刘皇叔与主公您同样是汉室宗亲，从血缘上来算属于一家人，他目前占据荆州，兵强马壮，足以抵御张鲁。更难能可贵的是，刘皇叔一听说我是前来求救兵的，他非常热情，一口答应出兵帮助我们打退来犯之敌。”

刘璋一听，喜出望外，他想刘备他也是听说过的，此人信义为先，一直是爱国爱民的典范。据说前次在赤壁与孙权联手打败了曹操的百万大军，战斗力之强可见一斑。更重要的是他也姓刘，与自己属于同宗亲戚，亲不亲，血缘定，大家毕竟是一家人，如果他肯来帮忙，那的确是比曹操强太多。

想到这里，刘璋赶紧问张松：“子乔此言正合我意，那么我们该如何请刘皇叔率兵入蜀呢？”张松道：“孝直（法正字孝直）此人十分可靠，主公可以让他再去劝一劝刘皇叔，务必促请皇叔赶紧动身，率兵前来协助防守张鲁的进攻。”刘璋觉得张松说得对，于是命令法正前往荆州促请刘备赶紧入蜀协防。

正在此时，忽然从旁边站起一个人来，此人形状文弱，面色微黑，名叫黄权，黄权朝着刘璋说道：“主公不可啊，刘备乃是虎狼之人，以前他多次投靠其他诸侯，但到最后往往是不欢而散，很多人都吃过他的苦头，我们如果将他请进西蜀，只怕主公的基业不保。”刘璋一听，有点生气，他对黄权说：“你何出此言？刘备乃是我大汉宗亲，也是我的亲戚，他怎么会谋夺我的基业？更何况张松已经前往考察过，确认此人信义为先，素有贤德之名。”

黄权道：“张松此贼必然暗通刘备，打算出卖益州，主公应该先将他给宰了，然后关闭入蜀的通道，坚决不能让刘备进来。”刘璋接着问：“照你这么说，刘备入蜀是不安好心，那么张鲁的威胁迫在眉睫，我们又该如何应付呢？”黄权说：“张鲁不过是身外的小疾而已，很容易医治，而刘备一旦入蜀，那就是心腹大患了，不可不防啊。”

刘璋心想，你光是说刘备靠不住，但刘备若是不来，张鲁的进攻该如何抵御，你一点办法都没有，那还能说什么呢？于是他不听黄权的劝告，执意让法正前去荆州促请刘备率军入蜀。

法正来到荆州后，又受到了刘备、诸葛亮、庞统等人的热情款待，法正此人学问奇高，是一个大谋士，只是在刘璋手下始终得不到重用，因为刘璋就是一个平庸之主，除了吃喝玩乐，其他啥都不会。在他统治西蜀期间，西蜀和平安定，没有任何战事，也不需要他操啥心，于是他从来就不重视人才。虽然在西蜀有许许多多的文臣武将，但刘璋一个也没提拔重用，比如张松、法正、孟达等人，都觉得自己是千里马被赋闲了，时光如梭，岁月催人老，再这么下去，只怕这一辈子也没啥出息了。

这次法正来到了荆州，见到刘备与他手下的文臣武将，感觉有一股积极向上的气氛，四周的情绪形成一种引发众人奋发图强、创造伟业的激情，这使他热情高涨。尤其是刘备常对他说，我们的宗旨要以天下为己任，扶助汉室，拯救万民，这种志向非常能鼓舞人心，法正也不例外，他愿意为这个宏伟的构想去努力。所以他下定了决心，要帮助刘备夺取益州，让刘备能有一块属于自己的根据地，从而更好地实现他的抱负——扶助汉室，拯救万民！

法正向刘备、诸葛亮、庞统等人详细讲述了益州的种种人事与战略布局，替刘备入蜀安排了最佳的进军线路。诸葛亮最早在《隆中对》中就已经提出了取益州为己所用的战略方针，但没想到此事进展得如此顺利。还有益州本地人士法正、张松等作为内应，事先就将入蜀的种种方法毫无保留地告诉了他们，看来这是上天一定要将益州送给刘备了，这种机会无论如何是不能错过的。

曹操在许都收到许多关于刘备和益州动向的情报，他越听越坐不住了，心想这益州眼见着要被刘备夺去了，无论如何不能让刘备先走这一步，按照之前的思路，唯一的方法就是先去攻打张鲁，夺取他的汉中，然后伺机南下，夺取益州。

此时有人来报，说张鲁自称“汉宁王”，已经在汉中做好了攻打益州的准备，眼见他就要向益州进军了。曹操一听大怒，心想张鲁越来越无法无天了，竟然自称“汉宁王”！据说当年汉高祖刘邦开创大汉天下时，曾下达过命令：“非刘姓者不得封王，谁敢僭越，天下共讨之。”

也就是说，封王是刘姓的专利，其他姓氏者，无论功劳再大，也不许封王。

这张鲁通过对外传播“天师教”来汇聚信众，据说在汉中当地已有数十万人之多，每个入会者都需向天师教捐五斗米作为经费，所以也被称为“五斗米道”。看来张鲁还是压制不住自身的欲望，小有成就竟然就自封“汉宁王”。曹操想，连他都称王了，而我曹操还只是丞相，爵位只是侯爵，在我上面还有公爵，公爵上面才是王爵，比起张鲁来，相差了两级，这岂不是十分可笑？

既然这样，那么打张鲁的事就不能再拖了，说干就干，曹操正准备起兵去攻打张鲁，忽然又有探马来报，说东吴的孙权领兵进攻我方前线城池，曹操心里一阵烦恼，看这情形，孙权是有意在牵制我打张鲁？不可能吧，他为何要牵制我打张鲁呢？这时程昱说话了，他说：“主公，我看这孙权是要打荆州了。”

曹操一听，惊奇地问：“何以见得他发兵前来打我，而其实是要打荆州？”程昱道：“以孙权目前的实力，他莫名其妙来攻打我们，这似乎是鸡蛋碰石头，一点胜算都没有，但他为什么要这么做呢？其实道理很简单，他看到刘备要发兵去攻打益州，荆州必然空虚，于是他就想乘机夺取荆州，但他怕我们也看中了这个机会，如果也趁机发兵去打荆州，那么对他来说就是一种压力。所以他才声东击西，首先举兵来攻打我们的城池，既能引开我们关注荆州的目光还能麻痹刘备，暗中必定是要打算偷袭荆州。”

曹操听程昱这么说，感觉很有道理，于是就问程昱：“那么我们该怎么办呢？”程昱道：“照我的估计，此次刘备去打益州，在没有取得完全的胜利之前，他是绝对不会轻易放弃荆州的，毕竟荆州还是他的临时根据地。刘备一定会留下精锐的部队来防守荆州，东吴此时想去夺取荆州一点可能性也没有。所以我们只需加强边境城池的防御即可，冷眼旁观他们之间的相争，一旦有机会出现，说不定我们还能渔翁得利呢。”

果然，孙权看到刘备率军离开荆州，就有意派兵攻打荆州将它夺回。此事虽然听起来有点把握，但其中却有一件难事，就是孙权的妹妹孙尚香还在刘备那里呢。据说孙尚香一直在帮刘备带儿子，也就是那个刘禅，乳名叫阿斗的孩子，刘备虽然率军远去，但将她们母子留在了荆州。如果此时出兵攻打荆州，荆州那里会不会杀害孙尚香？

按照孙权的意思，只要荆州能够夺回来，孙尚香无所谓，他当初把这个妹妹嫁给刘备时，本来也没打算她还能回来，她在刘备那里死也好活也好，只要不耽误军国大事就行。但没想到的是，孙权的母亲吴国太，也是孙尚香的母亲不答应，毕竟是她亲生的闺女，怎么能说没就没呢？吴国太极力干预此事，要求孙权务必保证他妹妹的安全，只要孙尚香没事，其他的她可以不管。

孙权毕竟是一个孝子，那个年代，百善孝为先，帝王都讲究以孝治天下，所以孝不孝关系到国运。孙权当然不敢马虎，母亲既然发话了，他还是要听的，但总不能因为妹妹在荆州就放弃攻打的计划了吧？谋士张昭对孙权说："如果主公不放心郡主的安危，不如让郡主的老仆人周善悄悄地去把她接回来吧。听说郡主带着刘备的孩子，干脆就让她把孩子也带回来，孩子在我们这里，以后办事情容易很多。"孙权一听觉得可行，就让周善暗中去荆州联系孙夫人，然后选择合适的机会，让她将孩子一起带回来。

周善曾是孙尚香在东吴时的老家人，他独个儿悄悄地来到了荆州孙尚香处，孙尚香一听说周善来了，立即感到是不是有啥急事，否则他怎么会突然来了？赶紧让人将他领进内屋问话，周善说："郡主，吴老夫人病了，而且病得很重，目前躺在床上，每天念叨着你的名字，希望你能回去看一看。"孙尚香一听是母亲病了，顿时心急如焚，收拾行李马上就要和周善一起回江东去看望母亲。

周善说："郡主你别慌啊，你现在的身份不同，你是刘备的夫人，刘备目前不在家，你若是要走的话，是不是会被人拦阻啊？"孙尚香说："不会的，我们悄悄走，没人会拦阻我。"周善听郡主这么说，也就没有意见了，他看孙尚香收拾了行李准备要走，赶紧又对她说："皇叔临行前，托付郡主照顾孩子，就算郡主临时有事回家，也不能不照顾孩子啊，不如我们把孩子也带走吧。"孙尚香一听觉得有理，于是就去里屋抱起了还在熟睡的阿斗，周善带着她们母子迅速出门离去。

刚走到营门口，就被守门军士拦住了，孙尚香说：“让开，我要回江东看望生病的母亲，事在紧急，所以走得匆忙。”守军一看是孙夫人，自然不敢说啥，孙尚香带同周善一起来到了江岸，周善早有船只在此等候，等孙尚香一上船，立即下令拔锚起航。船刚开出没几步，只见岸边一匹骏马疾驰而来，马上一员将军正是赵云，赵云纵马来到岸边大喊：“孙夫人留步。”不等船上有何反应，他一拉缰绳，战马一个纵跃，竟然跳上了船只。

孙尚香见赵云来得凶猛，不免略有不悦，对赵云说：“赵将军来得鲁莽了，我母亲得了重病，现卧床不起，我要回去看望她，这难道有问题吗？”赵云道：“夫人回娘家看望母亲当然没问题，但此事是否应该报经主公知晓呢？”孙尚香说：“玄德人在蜀中，相隔千里，如何汇报？”赵云说：“未得主公批准，我们可不敢放夫人回去啊。”孙尚香说：“放不放我回去，反正我也得回去，这事你管不着。”赵云道：“现在到处都有战乱纷争，天下不太平，我们怎么都得保障夫人安全吧，一旦夫人出些意外，让我们如何向主公交代？”孙尚香哈哈大笑，她说：“你别自作多情了，不妨向四周看看，你只怕连自己都回不去了。”

赵云回头一看，发现在他们说话的这会儿功夫，周善已经将船开出了一段距离，目前船在江中心。赵云虽勇，但也不会水性，这时他想回去估计只得强力夺船了，但面对的是孙夫人，赵云毕竟有涵养与礼节，他不愿做犯上的事。正在为难间，忽见江上驶来一条大船，船头站着一员猛将，正是张飞。赵云大喜，赶紧喊："三哥帮忙。"

张飞也是获得消息，知道孙夫人要带着阿斗回东吴去，于是才急忙赶来劝阻。他命令大船截住了孙夫人的小船，厉声喝问："嫂嫂，我大哥毕竟也是皇叔，与你结亲并没有辱没了你，为何你背着他要私自返回江东？"

孙夫人在荆州平时最害怕的就是这位张三爷。在她眼里，刘备身边的几个人，关羽高傲，张飞暴躁，赵云温良，诸葛亮阴险，她见到张飞本能就感觉害怕，这时见他一副凶恶的嘴脸，孙夫人顿时气势短了一截，她小声回答道："三将军，不是我要私自逃回江东，而是家人来报，说我母亲病重，卧床等候我回去见上一面，过几天我还是要回来的。"

张飞道："就算是这样，也该报经我大哥批准吧？怎能私自离开呢？"孙夫人道："事情紧急，玄德远在益州，消息一来一回估计我母亲就不在了，在此紧急时刻，我如何能不从权呢？"张飞听听觉得也有道理，于是又说："既然是这样，那你为何要带同孩子一起回去？"孙夫人说："玄德离去前嘱咐我要好好照看此孩子，既然带孩子是我的责任，我怎能丢下他不管呢？"张飞说："这样吧，你回去可以，但把孩子留下。"

孙夫人还想争辩，但看到张飞虎目圆睁，须发倒竖的模样，吓都吓死，想想还是算了吧。于是她就将孩子交给了赵云，赵云抱起孩子上了张飞的大船，孙夫人坐小船离去了，张飞在大船上还不忘嘱咐：“嫂嫂，请你念在与我大哥夫妻一场的分上，看过母亲后赶紧回来。”

第八章

益州再开张

人品，声望，美德，积聚到一定程度必然要一次性拿出来换取自己最想要的回报。只要能成功，所失去的形象还能靠宣传补回来。

再牛的人做坏事也需要找一个貌似正当的理由，没有理由而去做坏事的是极少数的下三滥，成功概率并不高。

成功需要运气，运气需要积累，只有你在名声和实力上有所积累，运气才会找到你。刘备之所以被张松与刘璋选中，就因为他积累了皇叔的名望和荆州的实力。

曹操本来是想去攻打汉中的张鲁，但探马却报东吴的孙权有意来犯，虽然谋士们都认为孙权此招是虚张声势，其目的是为了暗中夺取荆州。但曹操也不能完全不防，万一孙权弄假成真，真的乘虚而入那怎么办？所以他还是派了曹洪、李典、于禁、乐进等众将率兵驰援当地的守将曹仁与夏侯惇。曹仁接到前来驰援的诸将后，感觉实力大增，心想这孙权也太自不量力了，赤壁之战侥幸胜了一场，竟还总想着占我们便宜，这次是他率先发动进攻，我要是太过于软弱，以后岂不是被他轻视了？于是布置李典、乐进等诸将各自领兵，从四个方向对逼近南郡的东吴军展开合围。

曹操虽然担心东吴的军队乘虚而入，但他毕竟更关注刘备进军益州的得失。如果刘备进军益州没有成功，那他就不急着去打张鲁了，一旦刘备有所斩获，他去打张鲁就变得迫在眉睫。好在曹操的情报来源总是不缺的，前方不断有探马回报，说刘备率庞统、黄忠、魏延等人在法正的指引下，轻松地进入了蜀地，进入蜀地后又遇到了孟达率军来接，所以一路上无所阻碍。到了成都附近，刘璋亲自率人出城相迎，给了刘备以隆重的礼节。

虽然这次刘璋出迎之前，益州内部多有反对的声音，比如主簿黄权、从事王累，皆是极力反对刘备入蜀的人。王累对刘璋说："主公，听说刘备已经率军进入益州地界了，此事万万不可啊，这不是引狼入室吗？我们益州本来的优势就是地势险要，易守难攻，外人很难攻打进来，比如说张鲁，虽然声称要进攻蜀地，但我看也是说说而已。他对蜀中地形不熟，若无向导，根本攻不进来。蜀中很多关隘都是一夫当关、万夫莫开的，所以数百年来，无论外面如何动乱，蜀中始终保持着安宁，现在主公竟然让张松、法正、孟达等卖主奸贼亲自去将刘备迎接进来，这不是要白白葬送了我们益州的主权吗？刘备一旦进来，我们很快就要沦为他的阶下囚了。"

刘璋说："你不要危言耸听，刘备与我是同宗亲戚，他来蜀中是为了帮助我抵御张鲁的进攻。更何况刘备素有贤德之名，他曾经说过，他与曹操争夺天下，曹操用恶，他就用善；曹操用奸，他就用贤。凡事必与曹操反着来，这样才有机会获得民心，在这种情况下，他怎么会觊觎我的地盘呢？"黄权说："刘备以前没有表现出他大奸大恶的一面是因为面对的利益还不够大，一旦利益足够大，比如将整个益州全都给他，让他拥有稳固的基业，他一定会露出狰狞面目的。"

张松在旁边听这些人的争论，心想刘备是我引进的，他们反对刘备，其实就是对我不满，这些人看来是站在我的对立面了。于是他也赶紧出来说话，他说："主公，你别听王累、黄权等人胡扯，刘备向来以信义著于天下，他论起关系来与主公您是亲戚，本来就是一家人，不管从哪个方面来看，都比曹操要好得多。我们本来还打算去邀请曹操来帮忙，但后来发现曹操名为汉相，实为汉贼，现在请了刘备，大家如果还有意见的话，那整个天下就无人可请了。张鲁来攻，凭我们自己的力量能挡得住吗？"

刘璋听听觉得也对，之所以要请曹操或者刘备来帮忙，原因还在于张鲁打算进攻蜀地。无论请曹操还是请刘备，风险肯定都是存在的。准确地说，请曹操的风险更大，请刘备虽然也有风险，但大家总是有一层亲戚关系，就算有啥说法，还是比曹操强得多。据说当初曹操占领荆州时，本来说好让刘表的儿子刘琮永为荆州之主，但事后却食言而肥，还派人杀害了刘琮全家，连甘心投靠他的蔡瑁也给杀了。依照曹操的所作所为，让他来西蜀，只怕我也会落得个全家性命不保，两害相权取其轻，还是刘备更好一些吧。

王累说："刘备以前虽然没有做过什么特别大的坏事，那是因为他以前一直都没有大的权力，也没有做坏事的基础，但就他投吕布反吕布，投曹操反曹操，投袁绍反袁绍的行为来看，确实不能算是一个好人。他当初投曹操时，曹操对他那么好，就这皇叔的身份也是曹操帮他争取来的，否则刘备至今还是一个卖草鞋出身的草莽一族。曹操后来还给他的二弟关羽争取了汉寿亭侯的爵位，这才算让这平民百姓有了出头之日。但再后来呢，刘备与关羽弃曹操如敝屣，翻脸不认人，这种人品能值得我们信任吗？他需要你的时候好话说尽，利用完你后坏事做绝，一旦让刘备进入了成都，只怕整个益州就要属于他了。”

张松反驳道：“不能这么讲，我听说诸葛亮号称伏龙，他遍察天下诸侯，结果还是投靠了刘备。可见他认为刘备是个英雄，王累刚才列举的那些所谓的缺点，不外乎是说明他能屈能伸，做人做事不拘一格。在这个乱世中混，没一点灵活机变的能力怎么行？”王累大声喝道：“事在紧急，刘备已经率军入蜀，我们不能再掉以轻心了，必须立即阻止他进入成都，否则大祸将至，益州就此完蛋了，主公你千万三思啊。”黄权也说：“张松、法正、孟达等人卖主求荣，请主公下令将他们处死，然后我们派军队阻止刘备进入成都，此事已经火烧眉毛，不能再等了。”

虽然王累、黄权等人以死力谏，但刘璋却还是相信张松等人的言论，他觉得只要自己能以诚待人，刘备肯定不会辜负他的，所以不采纳王累、黄权等人的建议，仍打算亲自出城迎接刘备大军。刘璋手下有一位大将名叫张任，张任虽然武功极高，但拙于言辞，他心里觉得请刘备入蜀此举欠妥，但让他说出些反对的道理来，他却说不出，他只能贴身护卫，用实际行动来保障主公刘璋的安全。

刘璋出城接到刘备后，两个人亲热无比，互道仰慕，携手揽腕进入成都，刘璋大摆筵席款待刘备一行。在此之前，法正就与庞统密谋过，想趁着这次与刘璋见面，当场就宰了他，立即夺取成都，但刘备坚决反对他们的这种想法，刘备说："我这次虽然迫于形势，不得不去成都谋取益州这块地盘，但做人也不能做得如此穷凶极恶，否则将来如何才能在益州立足？益州的官员与百姓将如何看待我？"

法正劝刘备说："大丈夫做事不能太顾小节，有些事情是宜早不宜迟，一旦错过机会只怕悔之晚矣。"刘备说："我做事的原则就是要站在道德的高地上，做事得走正道，不能太过明显地耍无赖，否则一旦信义全失，将来无法收拾局面。"

庞统一听觉得也对，于是给刘备出了三个对策，上策是进入成都后立即动手干掉刘璋，当场夺取益州的权力。中策是暂时先协助刘璋抵抗张鲁，在这个过程中等待机会，然后再伺机将益州夺过来。下策就是干脆别打益州的主意了，协助完刘璋后，我们就撤回荆州去。刘备一听庞统的主意，心想你这不是和我抬杠吗？就这三个主意哪还需要选？傻瓜都知道只有中策还有可行性，其他两策纯属陪衬。于是刘备说："我选中策，我们暂时先协助刘璋打张鲁，等候适当的机会再取益州。"

席间刘璋与刘备欢聚一堂，大家都十分客气，尽叙兄弟情义，其他文武众官员也推杯换盏，欢声笑语，只有张任在一旁虎视眈眈地盯着刘备，心里似乎有一团火要射出来。在刘备这一席中猛将魏延也看到这个情况了，他心想这张任怎么了？难道要想刺杀我家主公不成？看来我也得防着一点。酒席吃到半酣，张任突然拔剑离席，对大家说："喝酒无所助兴，我来为大家舞剑吧。"

大家此时都有了酒意，轰然叫好，于是张任开始舞剑，舞着舞着就向刘备这儿过来了。魏延看了极不舒服，于是也站起来说："张将军独自舞剑不够尽兴，我与你一起舞吧。"于是也拔剑在手，与张任一起舞剑，两个人你来我往，一个要往刘备那里招呼，一个极力阻拦。这时连刘备与刘璋也都看出来了，这不是鸿门宴上的樊哙与项庄吗？于是两人赶紧喝退了各自的属下，说："我们兄弟间今日欢叙，这是一件大喜事，你们怎么搞得像是鸿门宴？真是岂有此理。"

曹操在许都获知了刘备入蜀后的一些进展，他目前最重要的事情是要根据刘备的得失来决定自己下一步的行动。比如说刘备在成都与刘璋火并了，或者刘备取成都没有成功反被刘璋打败，那么益州与汉中这块地方他就先放一放，不急着去打，料想就凭张鲁这伙乌合之众也兴不起什么风浪。

曹操又想，刘备既然去益州了，荆州必然空虚，那么东吴方面有何动静？孙权不是念念不忘夺取荆州吗？探报说前些日子孙权已经派人将他的妹妹接回去了，这是一个十分明显的动武信号。理论上孙权很快就要向荆州用兵了，之所以还没有动，一方面是怕我曹操乘他进军荆州时去袭击他的老窝，另一方面也是忌惮荆州留守的关羽、张飞、赵云、诸葛亮等人。这些错综复杂的事情若是没有一个清楚的头绪，我这里也很难有所取舍，毕竟兵力有限，要大规模作战，需要有一个切实的方向，所以进一步等待时机，关注刘备与孙权的动向至关重要。

正在此时，探马来报，说马超自从被打败后，最终去投靠了张鲁，张鲁命令他率军前去攻打西蜀北方的门户葭萌关。曹操心想马超的武艺他是见识过的，的确了不起，现在估计也是走投无路了，竟然会去投张鲁，还帮着张鲁去打葭萌关，那就等着瞧吧，看马超此行顺不顺利，刘备或者刘璋又该如何应付。

这时贾诩过来说道："主公，我看这马超终是成不了气候，他之所以去投张鲁，纯粹是无路可走了，所谓病急乱投医，他的老家西凉目前也被我们给占领了，他还能去哪里？"曹操说："马超，盖世之英雄也，如此人才若能归我所用，那该多好啊，可惜了。"贾诩道："马超固然英雄，但他为人浅薄，脾气暴躁，不能容人，所以成不了大事。"

曹操道："马超就此自生自灭倒也可惜了，但愿他能与刘备拼个两败俱伤，好歹发挥一下他的强项。"贾诩道："马超此次进攻葭萌关，如果刘备这里没有谋士，仅凭武将是难以取胜的，不过一旦有谋士上场，那马超就不是对手了。"曹操说："对啊，所以说，真正能够成大事的人，最终还需有谋士，凡事都逞匹夫之勇的人，不会有作为的。"

刘璋得知马超来攻葭萌关，马上找刘备前来商议退敌之策，刘备一口应承，说我率军前去镇守葭萌关，决不让马超有可乘之机，刘璋千恩万谢，于是就请刘备率军去了葭萌关。刘备自从到葭萌关后，不断向周围的官员与百姓施恩示惠，不断收买人心，制造好名声。马超因为看到刘璋派出了援军，也延缓了进攻葭萌关的进度。

刘备走后，就不断有人在刘璋耳边说刘备的坏话，说他这次来成都，一看就不怀好心，现在幸亏他离开了，千万不可再让他回来，否则我们益州的基业真的就不保了。说的人一多，把刘璋也给说得心里七上八下的，有点犯疑惑，不知刘备究竟是好心前来帮忙呢，还是别有用心要来夺取他的益州基业？正在此时，发生了一件事情，让刘璋彻底看清了刘备的真实目的。

就是刘璋手下的那位别驾张松见刘备并不如他事先所想的那样直接夺取成都，而是答应替刘璋北上防御张鲁，自愿率军离开成都去镇守葭萌关了。张松不知刘备的葫芦里到底装着什么药，他暗中替刘备着急啊，这么好的机会，怎么能够放弃呢，眼见着刘备不是说着玩的，而是真的离开了，张松就派人给刘备去了一封书信，奉劝刘备不要犹豫，应该早做决断，杀了刘璋，夺取成都。

结果张松的这封信在半路上被张任的军士截获了，书信交到了刘璋的手上，刘璋一看顿时大怒，心想原来张松果然在出卖益州啊？原来刘备入蜀果然没安好心啊？ 真是不幸被黄权和王累言中了，我让刘备率军入蜀看来真是引狼入室了。但此时刘备的军队已经在蜀中了,怎么办?这时杨怀、高沛、刘巴等人立即向刘璋进言,请刘璋不要给刘备提供任何粮草军需,再派兵阻截他从葭萌关回归成都的所有道路,这刘备没有了粮草,估计也支撑不了多久。

果然刘备见刘璋不再给他提供粮草军需,催促了多次也没有结果,顿时火冒三丈,心想我前来为你阻挡张鲁的进攻,怎么你连军需粮草都不提供?难道想将我军活活饿死?派人前去成都向刘璋催粮,刘璋根本不见,也没有粮草送来。于是刘备心中暗暗有了不好的预感,知道成都方面必定是出事了,再派人一打听,知道张松的事情败露了,刘璋已经对他起疑,而且派兵阻截了他的所有归路。

这时刘备与庞统商议,问庞统下一步该怎么办?庞统说:“当时我们没能直接夺取成都,现在只怕要多费周折了,目前唯一的方法就是以被小人诬陷为由,引军返回成都,有阻止者就直接进攻,然后打到成都去夺取政权。”刘备想想也是,但以他的性格,做事还是要以宣传为先导的,他首先提出了自己被小人诬陷,要亲自去成都向刘璋解释的理由,然后率军从葭萌关返回,直奔成都而去。

一路上果然每道关卡都有蜀将把守,打回成都还真需要费点功夫。但好在益州是一个盆地地形,从盆地外往里攻十分困难,但刘备军现在已经在盆地内部了,就几乎是一马平川,再加上刘璋的军队果真十分不经打,刘备在庞统的策划下,一路攻城夺寨,所向披靡。

这仗打得连庞统都觉得特别轻松，但有时候事情越是感觉顺利，就越是要小心谨慎，这是一条定律，连大名鼎鼎的庞统也不例外。在一次战斗中，庞统所率军队竟然遭遇了蜀将张任的伏击，张任采用万箭齐射的方式，对着庞统的军队一阵狂风暴雨式地猛射，结果庞统身中数箭，不幸身亡。张任乘胜追击将刘备军困在了涪关。

刘备见庞统被射死了，心中大惊，急忙命军士们坚守城池，不要出战，与黄忠、魏延商议此事。黄忠道："庞军师是意外被杀，主公不必忧虑，让我率军前去与张任对阵。"魏延道："将军虽勇，但毕竟年纪老了，此事交给我吧。"黄忠平生最不爱听一个"老"字，顿时与魏延争执起来。刘备于是让黄忠与魏延各率一支部队，一左一右阻击张任，然后再派快马传递书信去荆州诸葛亮处求救兵，自己坚守涪关。

许都的丞相府中，曹操与众谋士也在密切关注着刘备夺取益州的战役进程，曹操问大家："诸位认为这次刘备夺取益州之役，最终取胜的把握有多大？"荀攸道："刘备心怀伪善，做事拖泥带水，在蜀中反反复复，竟然还折损了谋士庞统，这仗打得令人发笑。"杨修也说："做大事者不拘小节，刘备入蜀本意就是要夺取益州，结果到了成都又假惺惺地来回扭捏，万一失手，只怕前功尽弃，此等游移为名将不取。"

荀攸道:“庞统号称凤雏,一直说他计无不中,战无不胜,但怎么这次把自己给陷在了蜀中?据说张任射死他的那个地方,还被当地人命名为‘落凤坡’,可见其言过其实,其实水平有限。”由于庞统曾经在赤壁之战前向曹操使过连环计,瞒过了众人,让曹军的数百条大小船只被东吴一把火烧光,所以曹营诸谋士对他恨之入骨,这次听说他被张任射死了,大家心中无不称快。

曹操说:“刘备太过于在意人心,人心固然重要,但也得以实力做后盾,没有实力,光有人心是没用的。人心的向背,只能在实力相差不多的情况下起到一点推动作用。”贾诩说:“不过这也从另一方面证明了刘备对益州志在必得,他早已将益州看作是他自己的地盘了,所以他要首先在那里树立威信,不愿背负任何骂名,不过他最终若夺取了益州,不背负一点骂名也是不可能的。人言可畏,说什么的人都有,你要是太在乎了,那什么事都干不成。”

司马懿道:“我看刘备是扮猪吃老虎的人,他平时一直装好人,一旦时机成熟,他就能干一票坏事。”刘晔道:“坏事不能常干,常干别人就防着你了,平时一直干好事,关键时候干一次坏事,往往就取得极大的成功,刘备估计就是奉行这条原则。”

曹操哈哈大笑,他说:“诸位对刘备看得都很精准,我也觉得他就是一个伪君子。表面看起来像是好人,其实比谁都坏,不过他为了争夺天下,估计也不得不这么做,否则天上也不会掉下馅饼来。”荀攸道:

“主公，那我们是否也该赶紧动手去打汉中的张鲁了？否则只怕益州还真就要被刘备拿去了。”曹操说：“攻打汉中是肯定要的，但何时去才是关键，这时机很难把握啊。”刘晔道：“曹仁、夏侯惇等几位将军已经确认，东吴的孙权军就是虚张声势的，只要我们一进攻，他们立即就后退，根本没打算与我们做正面冲突。我估计孙权的目标还是放在荆州，只不过目前荆州尚有诸葛亮、关羽、张飞、赵云等人把守，孙权不敢轻易冒险而已。”

杨修道：“这次庞统在益州被射死了，刘备身边缺乏谋士，我看诸葛亮必然会入蜀救援，如此一来，荆州就缺乏当家谋士了，这就必然给孙权带来机会，我看东吴不可能放过如此良机。”贾诩道：“一旦东吴与荆州打起来，这对我们来说就是极好的进攻机会。”曹操说：“是啊，我们之所以没有立即派兵前去攻打张鲁，原因就在于不知东吴会在何时攻打荆州，两个机会一南一北，对我们都很重要，我们当然想等待一个最好的切入时机，一举获得最大的胜利成果。”

刘备在蜀中失利的消息传到了荆州，诸葛亮听说庞统已死，大为吃惊，庞统从小与他相交莫逆，他熟知庞统的能力，在很多方面庞统比自己都强，但这次怎么会如此大意？竟然莫名其妙死在了张任的手中，这真是阴沟里翻船。但既然庞统不在了，自己入蜀已成定局，自己一走，荆州的大权一定会由关羽来掌握。首先关羽是刘备之后当仁不让的第一重要武将，其次关羽曾被天子封为“汉寿亭侯”，这个称号就代表了大汉的正统，从级别上来说与东吴的孙权差不多，由他来镇守荆州是最恰当不过的。但诸葛亮也知道，任何一个以勇猛著称的武将，若无谋士辅助，最终必然会被打败，自己一走，谁来辅助关羽呢？

荆州目前仍是刘备政权的根基，除非以后在益州彻底站稳脚跟，否则荆州是千万不能有闪失的，一旦有闪失，刘备全军就没有退路了。诸葛亮左思右想也没有其他办法，好在关羽也料到了这一点，他向诸葛亮保证自己镇守荆州一点问题都没有，荆州在他的手里必然固若金汤，不会给东吴以任何可乘之机。诸葛亮也只得相信关羽，为了尽早解刘备在蜀中之困，诸葛亮决定带着张飞与赵云一起率军入蜀。

曹操等人在许都探听到荆州的诸葛亮率张飞、赵云等人入蜀后，刘备的战局立即就发生了变化，诸葛亮安排张飞、赵云、黄忠、魏延等将四路出击，大破刘璋军，俘获了张任、杨怀、高沛、刘巴等人，包围了成都。成都的刘璋见到如此光景，胆子都吓破了，他一直就不是一个喜欢打仗的人，在成都那么多年，始终平平安安吃喝不愁，哪里见过如此战阵？

见刘备大军包围了成都，他也就干脆投降了，对外说起来是不想连累了全城的百姓。既然刘璋愿意投降，刘备当然也要表示一番，当刘璋率领文武官员出城投降时，刘备满脸泪花地上去搀扶，他拉着刘璋的手说："老弟啊，不是哥哥要抢你的地盘，只是你身边有不少宵小之徒在暗中使坏，破坏咱哥俩的感情，你的这个成都之主我是不敢要的。”刘璋心想，都这个时候了，你还跟我装蒜，我就算傻一点，也还没傻到家。既然已经被你大军围城，我若还不识相，只怕你手下的将领们就会将我满门抄斩了，我还是老实点吧，成都之主就让给你了，只要能保住我的一家性命就好。

于是刘璋对刘备说：“老哥哥，其实你刚到成都时，我就想把位子让给你了，只是身边的众臣多有想不通的，现在时机成熟了，这成都之主就由你代劳吧，我只要你保证我全家安全就行。”刘备说：“贤弟你太客气了，我真是愧不敢当啊，你放心，你的全家老小必然衣食无忧。”话说到这个份上，那就算是成交了，益州从此换了主人，新的主人就是刘备，他拼搏半生，直到此时才总算有了一块属于自己的根据地。

原来刘备也曾经占领过徐州等城池，但那种所谓的占领只是在敌军环绕下的临时安身，就如他后来占据荆州，基本上也得不到片刻安宁。但现在就不一样了，占据了益州，这可是一块面积广大的地域，他可以认认真真地开始自己的经营了。目前刘备所掌握的主要有两股势力：一个是益州本地集团，另一个是他从外地带来的人马，这两股势力只要能协调好，一切事情就好办。

于是刘备首先是加封所有人官职，因为这件事情非常重要，大家跟着你混，看中的还是自己能加官进爵。如果你不给大家带来好处，对你忠心的人就会越来越少。前面的刘璋就是一个例子，他治理益州许多年，却把益州搞得死气沉沉的，以至于手下的能人无所作为，大家全都心生反意。

曹操在许都也很留意刘备占据益州后的下一步动向，他心里想毕竟天子在我的手里，刘备若要名正言顺地接管益州，从理论上来说必须获得天子的认可，天子不认可，他的行为就变成了私自占领大汉领土，甚至与当初的黄巾军雷同。刘备他不是一向自诩为忠君爱国吗？现在就看他接下去如何表现了，是不是要给天子上一道表章呢？到时候我肯定不批准，看他怎么办？

没想到刘备根本就没把天子放在眼里，让曹操失望了，他直接就自封为益州牧，并加封严颜为前将军，法正为蜀郡太守，董和为掌军中郎将，许靖为左将军长史，庞义为营中司马，刘巴为左将军，黄权为右将军。其余吴懿、费观、彭羕、卓膺、李严、吴兰、雷铜、李恢、张翼、秦宓、谯周、吕义、霍峻、邓芝、杨洪、周群、费祎、费诗、孟达等人都有封赏。

然后又封诸葛亮为军师，关云长为荡寇将军、汉寿亭侯，张飞为征虏将军、新亭侯，赵云为镇远将军，黄忠为征西将军，魏延为扬武将军。孙乾、简雍、糜竺、糜芳、刘封、吴班、关平、周仓、廖化、马良、马谡、蒋琬、伊籍等也各自封官。其中最为搞笑的是，因为天子曾经封关羽为“汉寿亭侯”，刘备认为三弟张飞有点委屈了，于是也封他为“新亭侯”，但问题是天子有资格封别人侯，刘备自己还只是一个州牧，怎么也有资格封侯？就像一个省的最高长官，怎么可以封下属为中央委员？从这件事情上可以看出，刘备一旦手中有了权力，立即就不听命于中央了，立即就不愿当大汉的臣子了，他的所作所为与张鲁、袁术其实也相差不多。